学校の社会学

フランスの教育制度と社会的不平等

Marianne Blanchard
Joanie Cayouette-Remblière
Sociologie de l'école

マリアンヌ・ブランシャール
ジョアニ・カユエット＝ランブリエール 著
園山大祐 監修
田川千尋 訳

明石書店

学校の社会学

——フランスの教育制度と社会的不平等

【目　次】

【凡例】

・原書におけるイタリック体は、書名・紙誌名の場合は『 』で、それ以外は傍点で示した。
・原書の（ ）［ ］はそのまま用いた。
・訳註は〔 〕で括り、本文中に挿入した。第一章のみ、当該語の右に注番号を示し、左頁末においたものがある。
・人名（研究者名）は、基本的にフランス語読みで表記し、英語圏の研究者のみ英語読みで表記した。
・本文中の参考文献の表記は、原書の通りとした。

日本語版に寄せて

フランスの学校制度について書かれた本をなぜ日本語に翻訳するのか？「エキゾチック」な側面を超えて、日本人の読者にどのような関心を持ってもらうことが可能だろうか？

我々の本が日本語に訳されるという話を聞いた時に我々が自問したのはこれらの問いだった。実際、本書はもともと、フランスの読者——教育社会学あるいはこれにつながる分野の研究者、政策アクター、学生、教職を目指す者、そして教育制度のアクターといった——に向けて考えられ、編まれたものである。本書の目的は、教育社会学における最新の議論や調査研究の総括を提示することであった。この中ではフランスにおける学校制度に関する研究を中心に置き、とりわけ社会的不平等に関して学校制度が果たしている役割を強調している。

もちろん、我々の仕事が旅をするのを見るのは非常に嬉しく、また光栄なことであるのだが、我々はまた、日本で本書を手に取った方々にとって本書が意義のあるものであることを願っている。

二つの教育制度の間には一見したところ、共通点はほとんどないように思われる。フランスでは国家が三歳から一八歳までの生徒の教育の大部分を管理、組織しており、これに比べると日本の教育制度は中央集権的である度合いは非常に少ない。日本の制度はフランスの制度よりも、より開いた競争性と選抜性を持ち、特に高等教育への入学に関してそうであるように思われる。他に日本を特徴づける点でフランスにないものとしては以下のものがある。制服の着用はフランスではまれであるし、個別授業〔塾や家庭教師〕(「shadow education」)もフランスでの普及ははるかに小さい。

しかし、これらの相違はあるものの、フランスで行われている学校の社会学に関心を寄せることが有用であることは、次にあげるいくつかの点から明らかである。

一つ目に、本書はいくつかのツール——方法論的、概念的——を提案しており、これらを日本のコンテクストにおいて活用することは興味深いと思われる。フランスの国境を既に超えている有名なブルデューの「文化資本」概念以外にも、「学校様式」や「認知的中退」あるいはまた「社会認知的誤解」といった概念は日本の制度を分析するのに活用できるだろう。

二つ目に、二つの国は比較的似通った問題に直面している点である。一九八〇年代にフランスが有名なスローガン「一世代あたりのバカロレア取得率を八〇%に」を発する前に、日本はすでに非常に高い中等教育就学率を達成しており、学校制度はまたそこで個人の人生において、そして社会の組織化全体において、際立って中心的な役割を演じている。つまりこれら二つの「免状《ディプロム》社会」〔学歴社会〕では、学校に関する不安は多大であり、また全社会階層によぎるものである。さらに二カ国は、学校間を競争下に置く方向へ仕向けながら、歩み〔進路〕の個人化、生徒やその家族の「選択」を強調するような公共政策を行った国である。そして最後に、仮に社会・経済的地位に関わる不平等が日本ではフランスよりも目立って現れていないとすれば――これは少なくともOECDのPISA調査が示していることである――、ジェンダーの不平等は非常に大きく、そして、二カ国共に、女子は理系のいくつかの分野で人数が不足している。

これらの違いや類似性を通して、フランスの教育制度は一種の曲面鏡を日本の教育制度へ提供できるだろうし、フランスの教育制度を理解するために作り上げられた社会学的ツールは、日本の研究者の方々にとっても伝統的な問題提起を新たな観点から理解するための方法として見える可能性がある。

我々が期待することは、教育分野における人文社会学の必要な知識を進展させるために、本著が我々の二つの学術的コミュニティー間における交流、往来、対話の助けとなることである。人文社会学が「無用」と不当に批判を受ける時代において、我々の社会について熟考し、他のモデルに照らし合わせること、そしてそれは我々の社会を理解するためのみならず、改善するためでもあり、さらにそれは特に我々の社会に横たわる不平等と闘うためであること、このことがどれだけ重要であるかということに立ち戻ろう。なぜなら我々が本著を締めるのに使ったピエール・ブルデューの引用が思い起こさせるように、「社会が行ったことは、社会がその知識を備え持っているゆえ、それを壊すことができる」からである。

マリアンヌ・ブランシャール
ジョアニ・カユエット＝ランブリエール

表記について

本書では、学年の表記について原書に従って訳出を行っている。

これは特に本書の中で重要なテーマとなっている進路選択に関し、教育制度の中のどの分岐点となるのかを理解するのに、またあるいは、問題の所存をそのまま理解するのに、原書のままの方が良いと考えたからである。日本の読者の方々には少々読みづらいかもしれないが、後出の「フランスの学校系統図」をご参照いただき、読み進めていただければ幸いである。これとは別に、以下に簡単に記す。

フランスの教育制度は、三歳から始まる就学前教育が三年間（本書では保育学校と訳出したが、幼稚園と訳されることもある）（年少組、年中組、年長組）、小学校は五年間（CP、CE1、CE2、CM1、CM2）、中学校は四年間（第六級から始まり第三級まで）、高校三年間（第二級、第一級、最終級）である。現在は、高校入学の第二級進学時に、普通・技術科課程と職業科課程とに大きく分かれる。

フランスの高等教育制度は、非常に複雑であるが、免状の水準は「bac+数字」で表される。

これはbac（バカロレアの通称）取得後何年相当の資格、の意である。ボローニャプロセスにより、欧州内の高等教育免状水準の調節が行われ、Licence（学士）はbac+3、Master（修士）はbac+5、Doctorat（博士）はbac+8とされた。グランゼコールは、グランゼコール準備級（bac+2）を経て三年で修了するためbac+5となる。この他、短期・実学系ではＩＵＴ（技術短期大学部）で取得するＤＵＴ（大学科学技術免状）やＳＴＳ（上級技手養成短期高等教育課程）で取得するＢＴＳ（上級技手免状）がbac+2である。

フランスの学校系統図（本書フランス語版発行の2016年度時点）

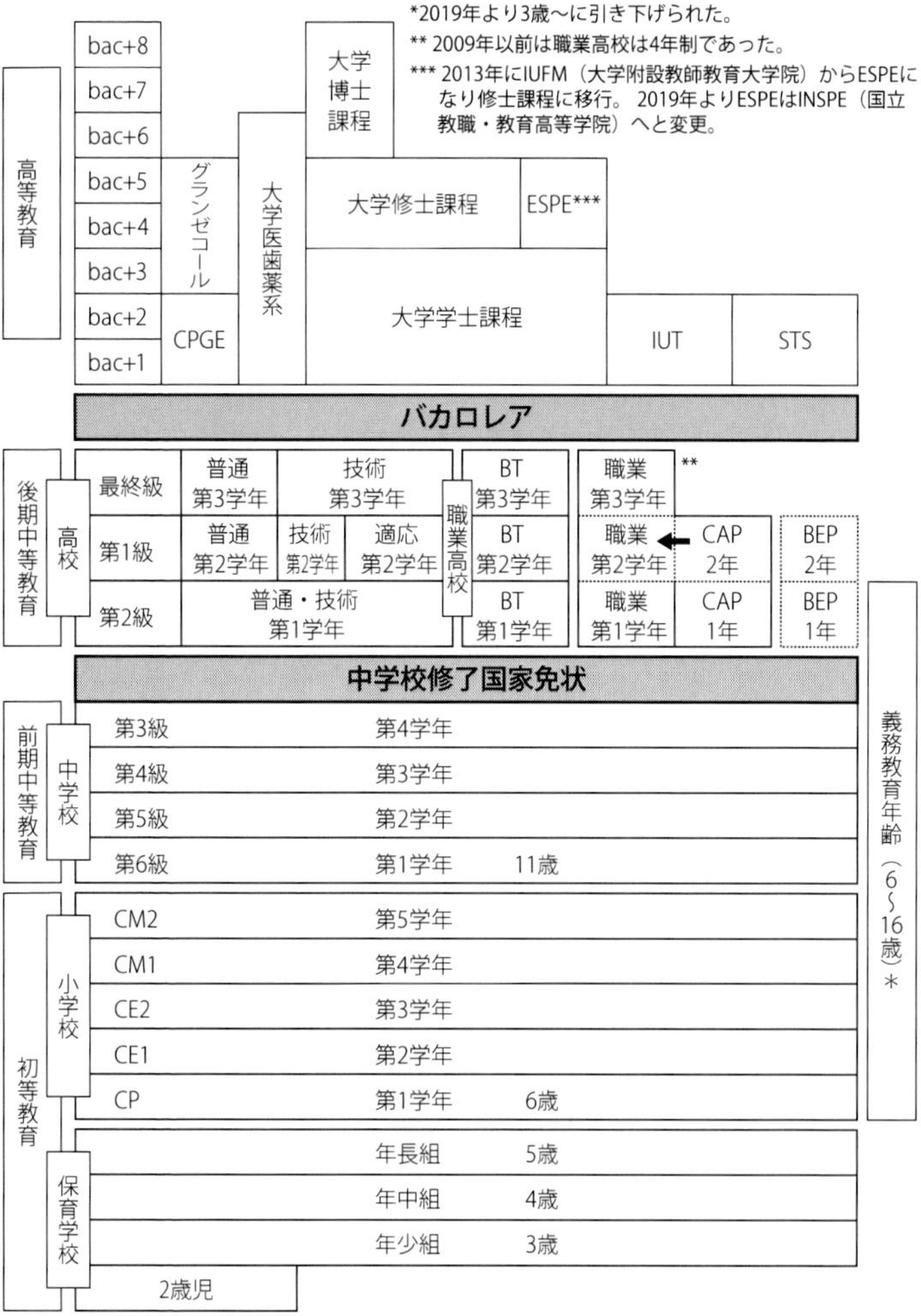

*2019年より3歳～に引き下げられた。
** 2009年以前は職業高校は4年制であった。
*** 2013年にIUFM（大学附設教師教育大学院）からESPEになり修士課程に移行。2019年よりESPEはINSPE（国立教職・教育高等学院）へと変更。

略語一覧

AED（Assistant d'éducation）：教育アシスタント
ATER（Attaché temporaire d'enseignement et de recherche）：教育研究補助員
ATSEM（Agent territorial spécialisé des écoles maternelles）：保育学校専門地方職員
BEP（Brevet d'enseignement professionnel）：職業教育免状
BT（Brevet de technicien）：技術者免状
BTS（Brevet technicien supérieur）：上級技手免状
CAP（Certificat d'aptitude professionnelle）：職業適格証
CAPES（Certificat d'aptitude au professorat de l'enseignement du second degré）：中等教育教員資格証
CEG（Collèges d'enseignement général）：普通教育中学
CÉREQ（Centre d'étude et de recherches sur l'emploi et les qualifications）：資格調査研究所
CES（Collèges d'enseignement secondaire）：中等教育中学
CFA（Centre de formation des apprentis）：見習い訓練センター
COP（Conseiller d'orientation-psychologue）：進路指導専門員
CPE（Conseiller principal d'éducation）：生徒指導専門員
CPGE（Classes préparatoires aux grandes écoles）：グランゼコール準備級
DEA（Diplôme d'études approfondies）：研究深化学位
DEPP（Direction d'évaluation, de prospective et de performance）：評価予測成果局
DESS（Diplôme d'études supérieures spécialisées）：高等専門教育証書
Deug（Diplôme d'études universitaires générales）：大学一般教育免状
DUT（Diplôme universitaire de technologie）：大学科学技術免状
ENP（Écoles nationales professionnelles）：国立職業学校
EPCI（Écoles pratiques de commerce et d'industrie）：商工業実践学校
ESPE（École supérieure du professorat et de l'éducation）：教職・教育高等学院
ESSEC（École supérieure des sciences économiques et commerciales）：ESSEC 経済商科大学院大学
INED（Institut national d'études démographiques）：国立人口学研究所
INSEE（Institut national de la statistique et des études économiques）：国立統計経済研究所
INSPE（Institut national supérieur du professorat et de l'éducation ）：国立教職・教育高等学院
IUFM（Institut universitaire de formation es maître）：大学附設教師教育大学院
IUT（Institut universitaire de technologie）：技術短期大学部
RAR（Réseaux ambition réussite）：成功願望網
REP（Réseaux d'éducation prioritaire）：優先教育網
RRS（Résseaux de réussite scolaire）：学業成功網
SEGPA（Sections d'enseignement général et professionnel adapté）：普通職業適応教育科
SES（Section d'éducation spécialisée）：特殊教育学科
STS（Sections de technicien supérieur）：上級技手養成短期高等教育課程
ZEP（Zone d'éducation prioritaire）：優先教育地域

序章

今日、学校はフランス社会において卓越した地位を占めている。政府および地方自治体は毎年一四四〇億ユーロを学校教育制度に支出している［MEN, 2015a］。教員数は初中等から高等教育までを合わせると一〇〇万人を超える。生徒、学生、見習い訓練生（apprentis）の数は一五二〇万人以上、これは全人口の四分の一近く（二三％）になる。一九〇〇年には八年間でしかなかった平均就学年数は今日では一九年である。学校は、つまり全ての個人の人生にとってますます大きな時間を占めるものになっている。子ども期の間（この時期には生徒である）、若年成年期の人生で（この時期に学生である人はますます増えている）、そして成人の人生で、（生徒の）親になった時や、また時には（教育制度に関わる）職業人になった時に。

学校は、かつてないほどに個人の社会的アイデンティティの構築に参加し、そして個々人の人生の多様な側面において影響を及ぼしている。他にも、社会的・職業的道筋や、文化的実践の一部を方向付けている。例えば取得した免状《ディプロム》と、劇場や美術館へ行く頻度といった文化的外出の傾向には強い関係がある［P. Coulangeon, 2003］し、結婚における選択も同様で、グランゼコール出身者はますます同出身者から配偶者を選ぶようになっている［M. Bouchet-Valat, 2014］。これだけ大きな個人の集合にこれだけ重要な役割を果たす制度は他にほとんどない。だから学校は社会学の中心的な研究対象なのである。

学校に関する社会学研究は慣習的に「教育社会学」という名称のもとにまとめられる。しかし教育とは、エミール・デュルケムの定義によれば、「若い世代の体系的な社会化」［É. Durkheim, 1922, éd. 2006: 51］であり、これは「両親と教員により子どもに対して行われる行為」［p.69］によるものであるから、学校教育の枠を超えている。本書が『学校の社会学』と名付けられているのは、初等教育から高等教育まで、特に学校というこの制度について、そしてそれが我々の社会の中でどんどんと大きな位置を占めていることについて検討するものであるからである。

本書では、今日多くの社会学者を動かしている問題、とりわけ学校教育における不平等のダイナミクスに関するものを、この研究領域を過去に横断し、あるいは今も横断している議論・論争に目を向けながら扱っている。というのも、他のどの知的生産の場でもそうであるように、この分野も同質的で異論がない状態からはほど遠く、テーマや方法論、理論的枠組みは多様であるからである。さらに、学校の社会学は、教育改革の実施など学校圏そのものの変化と、新たな理論的枠組みの出現のような社会学の中における変化、この両方の結果を受けて、時とともに重要な変容をしてきた。この研究分野が当初から一本の線上に一様に進展してきたなどということはなく、発展の途上ではいくつかの重要な段階があったことをはじめに述べることとする。

学校の社会学の始まり：エミール・デュルケムのアプローチ

É・デュルケムは社会学の「祖」であるだけでなく、教育社会学・学校の社会学の祖でもある。彼の研究の中でこれらの対象は無視することのできない場所を占めており、以下の三つの著書がある：『教育と社会学（*Éducation et sociologie*）』（1922）、『道徳教育論（*L'éducation morale*）』（1925〔原書では1923と記載されているが正しくは1925であり修正を行った〕）、『フランス教育思想史（*L'évolution pédagogique en France*）』（1938）。デュルケムは、同時代の他の政治的エリート同様、学校に、共通の、非宗教的《ライック》で、共和主義的な倫理観を普及しながら若き第三共和政を強固にするという機能を割り振った。このような規範的な点とは別に、学校の社会化の機能、社会の機能における学校の役割、そしてまたその逆に、同じその社会による学校の作られ方、これらを強調することでデュルケムの研究は、学校の社会学の礎を築いた。

より正確に言えば、デュルケムは、教育と教育制度は、それが、彼が社会的事実と呼ぶもの（個人の外で個人に強いる行動様式、思考様式、意識の方法）を構築しているのであれば、社会学という当時新しい学問が関心を持つに値する対象である、と考えたのである。「各社会は、その発展の決定的な時に、熟慮されて一つの教育の制度を持ち、それは一般的には抵抗できない力で個人へ課されるものだ［É. Durkheim, 1922: 45］。このデュルケムの主要な貢献の一つが示したのは、どの社会にも教育制度が存在するとしたら、それはそれぞれ違っているはずであり、それはなぜなら、教育制度は社会的構築物であり、個々の社会特有の歴史的展開に起因するものであるからである、ということである。

デュルケムはこのようにしてフランスの学校制度の歴史をたどり［E. Durkheim, 1938］、初期の教育制度がキリスト教と密接な結びつきを持っていたことを明らかにした。とりわけ彼は、ある特定のタイプの個人を形成しなければならないという思想はキリスト教とともに現れたものである、と強調した。以来、学校教育の目的は同様であり続けている。つまり、子どもに知識を与えることよりも、思考し世界を見る方法を指南することである。

最終的にはデュルケムは、学校制度の変化の仕方が、学校制度の形式の観点から、そしてまた教授方法や内容の面から見た時に、社会の変容を反映していることを明らかにした。例えば、良くできた答案用紙を見せることで生徒同士の競争心をかき立てるというようなことは、一七世紀になってイエズス会の機関で見られるようになったことである。この「イノベーション」は社会の「モラルの構築」を反映したものである。中世においては、個人という概念はほとんど発展しておらず、特定の個人とは無関係な教育が、判然としない大衆に向けて行われていた。反対に、一七世紀になると、個人は重要な位置を占めるようになり、教育の個人化がもたらされたのである［E. Durkheim, 1938: 301-302］。

ブルデュー対ブードン：二つの対抗する構築主義？

二つの大戦の間には比較的衰えていたものの、一九四五年以降にはフランス社会学は「二つ目の礎」を知ることとなる［J.-M. Chapoulie, 1991］。再び誕生したこの社会学は、もっぱら労働と労働者の状況に関する問いを関心の的としたため、学校に関する研究が発展をするのは一九六〇年代になってからであり［A. Girard, 1967］、特にP・ブルデューとJ－C・パスロンの『遺産相続者たち――学生と文化（*Les héritiers. Les étudiants et la culture*）』［P. Bourdieu et J.-C. Passeron, 1964］の出版と関係してのことである。この著作は今日、一つの基礎を築く著作と考えられている［J.-M. Chapoulie, 2005; P. Masson, 2008］。この本は、大学進学に社会的不平等があるということについて統計的データを用いて明らかにしたのみならず、これらの不平等が生物学的あるいは経済的要因により説明されるものではなく、文化的不平等によるものであることを示した。事実、両親の学歴と子どもの学校における成功の間には相関関係がある。ブルデューとパスロンによれば、学歴は家庭で伝達される文化資本に強い影響を受けている。この資本は、特に学校制度において正当だと考えられている文化を習得しやすくするものであるが、それは、社会的性向の総体（態度、思考様式、コミュニケーションの仕方、行動様式）と定義され、文化遺産へのアクセスにより決まるものである［P. Bourdieu, 1979］。そして学校は「差異に無関心」であり、まるで全ての生徒がこの文化資本を持っているかのように作られているとした。

『遺産相続者たち』における経験的データは文学部の学生における文化に対する不平等に関するものであったが、ブルデューとパスロンが行ったこのデータの分析は、学校制度全体にとって価値のあるものであった。著者たちは、学校は社会的不平等の再生産に参加しているのみならず、加えてこの再生産を正当化しているのだという事実を強調した。彼らは学校制度の持つこの二つの機能を『再生産——教育・社会・文化（*La Reproduction. Éléments pour une théorie du système d'enseignement*）』〔P. Bourdieu et J.-C. Passeron, 1970〕の中で明確に示した。学校は、言うまでもなく、自らが伝達する文化が優位であることを表しているのである。さらに、この二人の社会学者によれば、この文化が支配的であるのは、それがそれ自身として本来的に優位であるからではなく、支配階級の文化であるからなのである。すなわちここには学校により隠された文化的恣意性がある。この学校という制度が上流階級の生徒の成功を優遇している限り、学校は再生産に加担する。しかも、メリトクラシー的〔能力主義的〕イデオロギーを広めることで、学校は個人の成功の違いを個人のメリット〔功績〕に関連づいたものと知覚するよう促し、学校制度の「敗者」は失敗という自分の結果、すなわち、低い学歴や労働市場における不遇なポジション、これらを受け入れることになるのだ。

ブルデューとパスロンの研究は、R・ブードンの研究としばしば相反する。ブードンは一九七三年、『機会の不平等——産業社会における教育と社会移動（*L'inégalité des chances. La mobilité sociale dans les sociétés industrielles*）』［R. Boudon, 1973］を出版する。この本でブードンは、彼が西洋産業社会と称したものの中における学歴不平等の問題に取り組んだ。そのために彼は一つのモデルを提示したが、このモデルの中で学校は、生徒そして／あるいは家族が存続／非存続（学業を続けるかあるいは止めるか）の意思決定を行わなければならない分岐点、それらの一つの連なった列として描かれた。可能な選択肢の各々と結びついた有用性は、以下の三つのもの次第である。（1）失敗のリスク、（2）経済的、心理的コスト、（3）各選択肢に付いてくる利点。さらに、ブードンによれば、生徒とその家族は、各々の社会的地位によって、これらの変数を同様には評価しないのである。例えば、ある免状《ディプロム》から期待される利点は、両親自身がその免状を持っているかどうかによって同じではないだろう。同様に、学業を継続することで生まれる経済的負担の重みは、家族の所得に関連している。ブードンも、学校における社会的不平等の生産の中で文化資本の伝達が重要であることは認識している［R. Boudon, 1973: 96］。文化遺産の違いは異なる成功水準を導くからである。しかし彼は、これらの不平等は非常に若いうちに固定され、そして、このメカニズムは存続／非存続の決定に対し、学校課程を進むほど付随的なものとなると考えた。

一方のブルデューとパスロンのアプローチ、もう一方のブードンのアプローチは、そのアプローチを向ける行為者への異なった概念により相反しうる［M. Duru-Bellat, 2000］。実際、前者にとっては、行動は大方、ハビトゥス、すなわち、全ての一貫した意向により、また、個々人の所有する経済的、文化的、社会的資本により無意識のうちに決定される。後者にとっては、行動は、個人が自分の予測や、自らに課されている制約に応じて行う合理的な予測による結果である。

二つのアプローチは学校の役割についての見解も分かれている。ブードンの見解では、学校はそれ自身としては社会の不平等の（再）生産には参加しない。それはなぜなら、社会的不平等を説明する決定的要素は個々人の社会的地位だからである。つまり、「教育を前にして不平等を縮小することのできる唯一の要素」は「社会経済的不平等の縮小であろう。学校改革についてはほとんどない（……）学校を前にした不平等へ決定的な影響をもたらすことができるということはほとんどない」[R. Boudon, 1973: 197]。これに対しブルデューとパスロンにとって、学校とは中心的な役割を果たしているものである。なぜなら学校は「階級間にある文化資本の不平等な分配を再生産しながら階級関係の構造を再生産することに貢献している」からであり［P. Bourdieu et J.-C. Passeron, 1970: 222］、これらの不平等を、選抜というメリトクラシー的プロセスの反映として姿を現すようにさせることでその不平等を正当化しているのである。

ブルデューとブードンのアプローチのこのような対立が、学校の社会学の領域を構築するのに大きく貢献していたとして、それだけではこの領域を横断する議論全体を要約するには不十分である。まず、一九六〇年から一九七〇年代には、他にもアプローチがいくつも存在していた。その中には、社会学者V・イザンベール＝ジャマティとその研究グループによるアプローチがある［C. Baudelot et R. Establet, 1971 も同様に参照］。教育システムの再生産性よりも変化を明らかにしようとする分析に重点をおいたV・イザンベール＝ジャマティ［V. Isambert-Jamati, 1967］は、例えば、表彰式で行われた演説をもとに、高校《リセ》が追求した目標の一世紀間における変化について研究を行った。彼女は構造よりもアクターに関心があり、「学校制度のエージェント〔行為主体〕はどのようにして自らの教育的行為を定義し正当化しているか」についてもっぱら知ろうとしたのだった［V. Isambert-Jamati, 1970: 10］。

ブルデューとパスロンの分析とブードンの分析には類似する点もある。両者の研究において社会的出自は、後者においては社会的地位の点から、前者においては資本の量や構造の点から把握されているが、どちらにおいても、性別、移動の軌跡（trajectoire migratoire）、あるいは就学状況といった変数を考慮に入れたとしても、それにかかわらず決定的である。両者の観点はどちらも学校制度の全般的な分析を提示しようとする理論的試みであるが、しかしそのどちらも、就学の場によって存在しうる差異や、個人の持つ各々の学校との主観的関係性に関心を寄せてはいないのである。これらの「死角」が一九八〇年代以降の新しいアプローチの出発点を築くこととなる。

アプローチの増大と多様化

ここ三〇年来の、学校の社会学の研究対象、理論的枠組みや調査方法は多様化しており、全ての研究を網羅した一覧表を作ろうとすればそれは徒労に終わるだろう。いくつかの進展をここで取り上げることはできる。まず、多くの社会学者が学校という、慣用的な言い回しでいうところの「ブラックボックスを開け」ようと努めている。すなわち、学校機関の壁の中で具体的に起きていること、現場を見に行こうとしているのである［P. Masson, 1999; S. Bonnéry, 2007］。例えば、あまりに包括的だと判断された分析に応えるようにして、一九八〇年代からは、いくつもの研究において、一つあるいは複数の学校施設を単位としたより精緻なアプローチが取り入れられている。これが「学校効果（effet-établissement）」［O. Cousin, 1993］に関心を寄せた研究のケースであり、この中で就学状況は生徒の成功や進路選択に独自の影響を与えうるものであると捉えられている。しかし焦点は学校外で起きていること［S. Beaud, 2002］、特に家庭内で起きていること［B. Lahire, 1995; S. Kakpo, 2012］へと移っている。

よりミクロでエスノグラフィックなアプローチが台頭したからといって統計的研究やマクロ社会学的なアプローチがなくなるということはない。多くの研究を基にした国民教育省により実施される全国調査は一つの経験的材料であり続け［L.-A. Vallet et J.-P. Caille, 1996; J.-P. Caille, 2001; U. Palheta, 2012; M. Ichou, 2013］、国際比較を発展させている［C. Maroy, 2006; C. Baudelot et R. Establet, 2009; J.-Y. Rochex, 2010］。

本書の構成

学校の社会学における研究の豊かさや多様性を見せるように配慮し、本書は六つの章から構成されている。この中では二つの論証の輪郭が強調されている。すなわち、一つには学校がかつてないほどに社会における不平等の（再）生産に参加しているということ、そして、学校が個々人の社会的アイデンティティの構築の中でますます決定的な役割を果たしているということである。今日の学校および学校が社会で占める場所を理解するために、第一章では、一九世紀半ばより、全社会集団および性別へと社会化の学校的様式が広がるに至る歴史的プロセス（これを我々はフランスにおける「学校の一般化（あるいは普及）」と呼ぶことを提案したい）をまず振り返る。第二章では、現在の学歴が多様であること、学校的不平等が作られる中で社会的出自および性別が決定的役割を果たしていることを明らかにする。この説明は、学校における成功と進路選択の不平等についての研究（第三章）および教育政策の現代的ダイナミクスに関する分析の総括を通し、掘り下げられるが、政策により不平等を縮小することの難しさについても明らかにする（第四章）。そして最後の二つの章では学校を構成する個人、すなわち、教員および教育制度における他のプロフェッショナル（第五章）、生徒および家族（第六章）、そして学校が個々人へ行うこと、これらについて言及する。

第一章　学校の一般化

今日のフランス社会において学校が占める場所はかつてない社会的事実となっている。義務教育は六歳から一六歳までであるが、三歳から一四歳までの子どものほぼ一〇〇%が就学しており、一八歳では七七%の男女が、二三歳では四分の一以上の男女が就学している［MEN, 2015a］。就学の重要性はフランス革命以後増すばかりであったが、急速に就学人口の割合が増し、就学期間が長くなったのは、主として二〇世紀の後半を通してのことである。

しかし、就学期間が一般的に長くなったからといって出身階層と学歴との相関が自動的に減ったというわけではない。それどころか、このような歴史的に大きな変容は、「学校様式（forme scolaire）」を、学校外も含め、よりいっそう含みのある社会的規範にした。

一つの教育爆発からもう一つの教育爆発へ

学校が一般化する過程、すなわち全ての社会階層および性別へ学校における社会化の方法が広がったという事実の始まりは一九世紀初頭に遡る。一八三三年にギゾー法により住人五〇〇人以上のコミューンは男子のための小学校を設置することとし、これにより一八三三年から一八四八年の間に就学生徒数は倍増した。当時、目的は主として政治的なもので、本法に関する一八三三年七月一八日の通達において教育は「社会の秩序と安定のための保障の一つである」と考えられた。

コラム①

がんばれ女子たち！　女子の就学についての重要年

一九七一年以降バカロレア取得者は男子よりも女子の方が多く、今日、バカロレアの全ての種別において、すなわち一般バカロレア（理系も含む）、技術あるいは職業バカロレアのいずれにおいても、女子は男子よりも取得率が高い[MEN, 2015a]。一世紀半前には、女子の就学率は男子の就学率よりも低かった。いくつかの制度改革が、C・ボードロやR・エスタブレが『がんばれ女子たち！（*Allez les filles!*）』[1992]で「静かなる革命」と形容したことの標識となっている。
一八五〇　ファルー法により住人八〇〇人以上のコミューンには女子小学校の創設が義務となる。
一八六一　ジュリー・ヴィクトワール・ドブレが女性として初めてバカロレア受験の権利を手にし、当ディプロムを取得する。
一八六七　ヴィクトール・デュルイが女子中等学校の授業を制定するものの、いくつかの進歩主義の市町村のみがこれに対応する［F. Mayeur, 1979］。
一八八〇　カミーユ・セ法による非宗教的《ライック》な女子中等教育の誕生。カリキュラムは女子用の特別なもの。
一九二四　ベラール法により中等とバカロレアのカリキュラムを女子と男子両方のものへと統合する。
一九七五　ハビー法により初等・中等両教育施設において男女混合が義務化される。

第三共和政（一八七〇－一九四〇）の教育プロジェクトも同様に政治的目的が司るものだった。一八八一年と一八八二年の「フェリー法」では初等教育は無償、非宗教《ライック》、そして六歳から一三歳の男女に義務であることが制定された。歴史家A・プロが述べているように［A. Prost, 1997: 48］、初期の共和国における指導者たちはこの法を「自ら考えることのできる個人を養成し（……）法と尊厳のもとに平等な市民社会を形成する」方法であると考えていた。こうしてこの新しい体制を確立し共通の文化の周りに国家の団結を促進するのである。

初等教育と中等教育の分離

しかしジュール・フェリーの小学校〔公立小学校〕は全ての者のための学校ではなかった。同時にもう一つの学校、有償で主に上流階層の子弟を受け入れている中等教育が存在していた。現在の状況とは反対で、初等教育と中等教育は二つの連続した教育ではなく、二つの並行したネットワークだったのである。

小学校では義務教育年齢（一三歳、その後一九三六年より一四歳）の子どもを受け入れ、初等教育修了証（ＣＥＰ）の取得を可能にしなければならない。しかしプロ〔A. Prost, 1968〕の予測によれば一九三五年頃には五〇％近くの生徒がこの証書を取得する前に離学していたという。初等教育を出た後はほとんどの生徒が働きに出たが、続けて小学校における一年あるいは二年、高等小学校（ＥＰＳ）における二年あるいは三年の補完授業に出ることもできた。これらの「庶民の中学校（collège du peuple）」〔J.-P. Briand et J.-M. Chapoulie, 1992〕は元来、生徒に工業あるいは商業分野における中間的レベルの資格を与えるためのところであったが、初等教育の教員養成機関であるエコール・ノルマル（師範学校）の入学試験準備もしていた。

一方、中等教育では、リセにおいて第一一級（六歳児のクラス）から最終級まで、有力者の子弟を受け入れ、バカロレア試験の準備をしていた。一八〇八年に創られたバカロレア試験は、同一世代のうちの取得率は一八八一年には一％、一九三六年には二・七％とごく一部の者だけに関わるものだった。一九二五年、Ｅ・ゴブロはこの試験をブルジョワジー階級と中流・庶民階級とを分け隔てる「障壁」であり、全ての取得者をバカロレア取得者《バシュリエ》という名で括ってしまう「水準」であり、これらの者たちの間にある学校的不平等を「消して」しまっていると説明した。ゴブロはこの免状《ディプロム》の中に社会的ヒエラルキーを作りだすツールを見出していたのである。「ある社会が階級に分裂するには、人工的で作為的な何かを階段状に続く傾斜に代えなくてはならない。そしてそれが、非常に数が少なくとても間隔のあいた梯子に置き換わったりそう見えたりするがままにしておかなくてはならない。つまり、一つあるいは二つ、乗り越えるのが難しい障害を作り、同じ面上に障害を乗り越えた者たちを置く。これがバカロレアの機能、唯一の機能だ」[E. Goblot, 1925, éd. 2010: 73]。

第三共和政において「ポスト義務教育」の就学は増加したが、それは主に高等小学校教育がもたらした進展だった。一八八〇年から一九三〇年の間、高等小学校（ＥＰＳ）の男子生徒数は三倍に増えたが、中等教育の男子生徒数は停滞していた。また、一九〇〇年以降は高等小学校における女子生徒数は男子に追いつき、一九三八年には男子数を超えた［J.-P. Briand et J.-M. Chapoulie, 1992］。教育の序列、すなわち初等と中等の間にある境界は、教員と生徒の親の異議がありながらも二〇世紀前半にかけて次第に薄れた。一九三三年に第六級への入り口で試験が創られたことで入学に際しての障壁が再導入されたものの（これはその後一九五六年まで撤廃されなかった）、一九二八年から一九三三年の間には中等教育は徐々に無償化された。一九三八年には人民戦線政権下の国民教育大臣ジャン・ゼイにより署名された二つの省令により、中等教育の第一学習期と高等小学校における同一学習指導要領が定められた。この「庶民の中学校」はヴィシー政権下において一九四一年に廃止され、「現代中学校（collèges modernes）」に置き換えられた。しかし小学校で行われていた小学校補習科は維持された［M. Vasconcellos et P. Bongrand, 2013］。

第一次「教育爆発（explosion scolaire）」と統一中学校《コレージュ》の出現

一九五四年から一九六八年の間、中学校・高校・大学での就学人口は七七〇万人から一二〇〇万人以上となった。一九六〇年代初めに、上級公務員L・クロはこの現象を「教育爆発」と呼んだ［L. Cros, 1961］が、これには二つの進展が含まれている。一つは就学者が多くなったことであり、特にベビー・ブームの子どもが学校に来るようになったことである。もう一つは、彼らが、義務教育の前と後に、より長期間就学するようになったことである。こうして一九四八年以降には保育学校が普及し、一九五〇年から一九七一年の間には二〜五歳児の就学率は四〇％から六六％になった［J.-C. Chamboredon et J. Prévot, 1973］。そして一九五四年には一四歳における就学率が男子五四％、女子五七％だったところ、一九六八年にはそれぞれ八六％、九三％となった。

就学期間が長くなったのは、「教育への抑え難い社会的要求」［B. Pudal, 2008: 67］と政策的要素との両方の結果である。教育へのアクセスの拡大という問題は国家にとって当時最も重要な関心事であり、大衆化および社会的公正性への配慮が全くなかったわけではないが、経済的争点がここでは先行した。つまり、経済成長の中にあったこの時期、資格を持つ労働者の必要性は重要だとし、国家は計画立案に際しこれを論拠としたのだった。学校に託された役割は第三共和政における計画に比べ、再定義された。市民性教育による政治‐文化的統合機能から経済的同化（insertion）のロジックへと、これ以降教育は一つの投資とみなされる［J.-M. Chapoulie, 2010］。

就学が二つのネットワークに分けられていた学校は、第五共和政（一九五八‐）においておよそ三つの段階により構築される一つの学校制度へとしだいに置き換わる。すなわち小学校と中学校はともに「統一（unique）」のもの、つまり一五歳まで全生徒を順に受け入れることを目的としている。そして最後に高校《リセ》であるが、高校は「多種」のままであり、普通高校、技術高校、職業高校がある。この動きは第四共和政（一九四六‐一九五八）に始まっていたが［J.-M. Chapoulie, 2007］、第五共和政早期において行われた三つの改革によりこの新システムは実施された。一九五九年のベルトワンの改革は義務教育修了年齢を一六歳とし、小学校補習科に換えて普通教育中学《コレージュ》（CEG）を誕生させた。一九六三年にはフーシェ・カペル改革が中等教育中学《コレージュ》（CES）を創ったが、これは一一歳から一五歳の全生徒に小学校後、高校入学の前に四年間の教育を授けるためのものとして考えられた。これにより高校はこの時「中等部」（第六級から第三級）を失い、独立した中等教育中学《コレージュ》（CES）となった。一九七五年、アビー法はこのプロセスの仕上げとして、中等教育中学《コレージュ》（CES）と普通教育中学《コレージュ》（CEG）の区別を廃止し、これらは区別なく「中学《コレージュ》」と呼ばれることになった。オプションという駆け引き（ドイツ語選択、ラテン語選択〔良い生徒の集まるこれらの語学選択することで水準の高いクラスに自分の子どもを入れる親の戦略〕）によりクラス間の差異化はまたたく間に可能となったとはいえ［F. Œuvrard, 1979］、この改革は「統一《ユニーク》」と呼ばれる中学を誕生させたが、一部の生徒は相変わらず第五級［中学二年生］の終わりには職業教育へと進路指導され、また、私立学校は存続している（コラム②参照）。

コラム②　フランスにおける私立学校の位置付け

学校が一般化するプロセスにおいてずっと、公立学校と私立学校は、改革と学校法に合わせて変化する様式に沿いながら共存している。例えばギゾー法は、私立小学校の設立を、宗教的であるかどうかにかかわらず許可している。フェリー法が公立学校は非宗教的《ライック》であるとしたことで、私学教育はその宗教的、さらには「布教的」性格で自らを目立たせようとするようになった。すなわち、キリスト教文化の普及を維持することを目的としている［B. Poucet, 2009］。

二〇一四年には、私学は二〇〇万人の生徒を受け入れているが、これはフランスの就学生徒の一七％に相当する（小学生の一三％、中学生と高校生のそれぞれ一七％）［MEN, 2015a］。私学の位置付けは地域によってまったくもって様々である。ナント大学区とレンヌ大学区［フランス西部］では私学が非常に強く定着しているのが特徴であるが、フランス北東部にはほとんど存在していない［MEN, 2014］。

私学の比重は、生徒の軌跡に焦点を移してみると、より重要なようである。というのも、中等教育の場合に限ってみると三分の一以上の生徒がある期間私学で就学している（表1参照）。私学での就学経験がある生徒のうち、大部分の生徒が「ザッピングする人（zappeurs）」〔G. Langouët et A. Léger, 1991〕、つまり公立・私立学校両方に〔間を開けず〕続けて就学したことのある生徒である。

　学校「ザッピング（zapping）」のこの現象は、ドゥブレ法（1959）による公立・私立両セクターの違いの緩和により可能になった。ドゥブレ法は、私立学校が公立学校と同じカリキュラムを教えるという条件で、国家と協働することや資金援助を得ること（「契約に基づいて」）の可能性を開いた。一九世紀末以降のケースとは反対に、私学は布教的性格を求められることが少なくなり、しだいに公立学校のオルタナティブとして、学区制からの解放手段あるいは学業困難に陥った場合に頼る手段だとみなされるようになった。片方のセクターからもう片方のセクターへの移動についてG・ラングエとA・レジェ〔G. Langouët et A. Léger, 1991〕は量的調査の分析を行ったが、これによれば、移動をする生徒は学業困難や学業失敗の状況にある場合が多い。このように私学を頼みの綱とする方法は社会的に見ると不平等に使われており、労働者の子どもは「〔このセクターへ〕移る可能性をもっとも持たない」〔1991: 76; P. Merle, 2012 も参照のこと〕人たちである。

技術教育と職業教育における就学

学校の一般化は、教育の序列の最後に置かれている技術教育や職業教育の中でも起きた〔S.

表1　中等教育の初めの7年間における公立・私立間での生徒の軌跡
（1973年から今日まで）（%）

コホート	軌跡のタイプ（計100%）			生徒の移動	
	全て公立で就学	全て私立で就学	両方で就学	公立在学経験あり	私立在学経験あり
1973-1980	67.2	9.9	22.9	90.1	32.8
1980-1987	65.1	9.6	25.4	90.5	34.9
1989-1996	65.7	12.0	22.3	88.0	34.3
1995-2002	64.4	11.6	24.1	88.5	35.6
2007-2013*	65.7	12.0	22.3	88.0	34.3

*初めの6年のみの値
データの出典:1973～1980年および1980～1987 年の中等教育就学者コホートについてはG. Langouët et A. Léger［1991］; Panel d'élèves du second degré, recrutements 1989, 1995 et 2007（1989年,1995年,2007年中等教育入学者追跡調査）（DEPP–国民教育省）

Lembré, 2016］。これらの教育は一九世紀末より徐々に組織化され、「学校教育化した」。つまり、職業養成はだんだんと企業内で行われなくなり学校内で行われるようになったのだった。

一九世紀には、技術教育および職業教育は私学や地域のイニシアチブによって大きく支えられていた。そして二〇世紀初頭の数十年間は、しばしば見習い訓練生と労働者向けの夜間授業の形を取っており、これらを組織していたのは地元の有力者やアソシアシオン、あるいは企業の社長であることもあった［G. Bodé, 1997］。しかし国家が完全にこの養成セクターで不在だったわけではなく、学校教育化には参加していた。つまり、職業セクションは一八八〇年より高等小学校（ＥＰＳ）内で普及したが、これが一八九二年に、商業分野の被雇用者と教育を受けた労働者の養成のための商工業実践学校（ＥＰＣＩ）の誕生へとつながる。同様に一八八七年以降には、国立職業学校（ＥＮＰ）が開設される。しかし、これらの教育機関の開設と機能は、地域経済の需要に応えるべく、常に地域のイニシアチブに大きく委ねられている。

一九一一年には職業能力証明書が作られた。これは一九一九年アスティエ法により、就学していない一三歳から一八歳の若年労働従事者が職業教育〔授業〕を受けることが義務化された際に職業適格証（ＣＡＰ）となった。この免状の取得者はごく少数であり［G. Brucy, 1998］、一九二九年にはたった七〇〇〇のＣＡＰが交付されたのみである。

一九三九年には、職業教育および技術教育の学校制度化プロセスは決定的フェーズに入った［V. Troger, 1989］が、これは国家の後押しによるものだった。職業高校の前身である職業養成センターは、一九三九年に創設されたが、一九四四年には職業訓練センターとなった。さらに決定的な転換期となったのは、一九四三年に国家が職業免状の試験と授与組織を独占するとしたことである。当時企業内における養成と学校教育機関における養成とが競争的に存在していたが、このことにより学校教育機関にその正当性が与えられ、企業は以後競争ができなくなり［G. Brucy et V. Troger, 2000］、一九四〇年代末にはほぼ全ての職業・技術免状〔取得〕は学校教育機関で準備されることとなった。

一九六〇年代まで、技術・職業教育の大部分は選抜的であった。一九五六年の国立職業学校（ＥＮＰ）入学試験には約一五〇〇人の枠に五〇〇〇人以上が志願した［V. Troger, 2002］。同様に、商工業実践学校（EPCI）および職業訓練センターも選抜を行わねばならなかった。これらの教育課程は労働者階級の子どもにとって事実上「頼みの綱」となっていて、卒業後は例えば専門労働者という、企業内で昇進の可能性を開く地位へ直接就くことができるのだった。

一九六〇年代以降、統一中学校《コレージュ》を置いた改革の中で、技術・職業教育は中等教育に組み込まれた。商工業実践学校（EPCI）と国立職業学校（ENP）は技術高校《リセ》となり、職業訓練センターは職業高校《リセ》となった。一九六六年、職業教育免状（BEP）が創られた。当時の職業適格証（CAP）同様、BEP取得課程は三年で、雇用に直接につなぐことができなくてはならなかった。同時にBEPは専門化の度合いは劣るもので、高校の生徒のためのものと考えられていて、CAPの方は企業および新しい見習い訓練センター（CFA）とで行われる交互教育によって準備されるものだった。一九六八年、これは技術バカロレアとして制度化された［C. Lelièvre, 1991］。

技術・職業教育はこのように学校制度化が進み中等教育に並んだことでかえって評価が下落した。それは一つには全ての生徒が以後、試験も選抜入試もなく入れるようになったからだった［G. Brucy, 1998］。もう一つには第五級終了時にもっとも成績の悪い生徒が職業系へと進路選択するからである。これは一九九〇年まで続いたのだが、中学校終了時に普通・技術高校と職業系への進路間での競争が行われ、このことで職業系進路は「不足による」選択［A. Jellab, 2008］であるとされ、多くの場合普通・技術第二級〔高校〕へ進学するには学業水準が不十分であると判断された生徒の進学先となった。

第二次教育爆発

一九八九年の教育基本法は一世代あたりのバカロレア取得率を八〇％に引き上げる目的を定めたが、同時に以後二〇〇〇年までに全員が最低限の資格水準（CAP－BEP〔職業適格証、職業教育免状〕）を持つようにすることとした。

この割合に到達するために、政策による積極的介入が多く行われた。すなわち、職業バカロレアの創設（一九八五）、第五級終了時における留年の廃止（この留年制度により一九八〇年代初めにはまだ四分の一の生徒を職業系へ進ませていた）、普通・技術中等教育への進学率増加の奨励である。高い失業率を背景に、生徒の家族からの教育への強い要望が広がったことを受け（一九七五年から一九八五年の間に若年失業者は四〇万人から一三〇万人へと増加）、これらの方策の効果は重要だった。一九八〇年には、若者の七一％が第三級〔中学最終学年〕に到達するのみだったが、第二次教育爆発によって同一世代中ほぼ全員がこの段階まで就学するようになった。他にも、一世代あたりのバカロレア取得率は一九八五年から一九九五年の間に三六％から六二・五％に跳ね上がった。この飛躍的な伸びはバカロレアの多様化により可能になったものであり、技術系が一九七五年以降の増加の推進役を務め、一九八九年以降は職業バカロレアがこれを引き継いだ。

一九九五年以降六三％で停滞していたバカロレア取得率は、近年突然再上昇している（図1参照）。これはとりわけ職業バカロレア改革がもたらしたものである。二〇〇九年新学期より職業

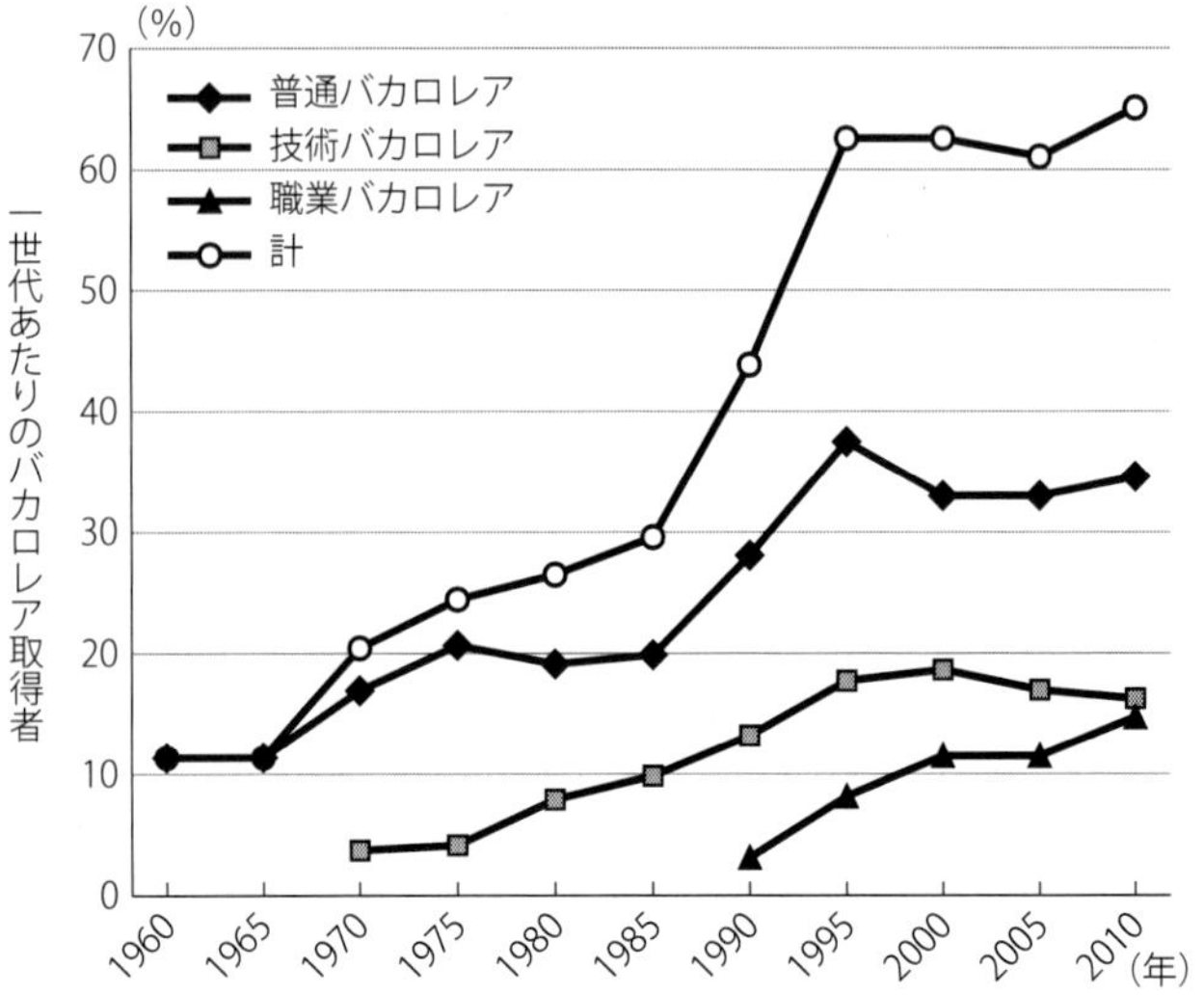

出典：P. Merle［2009］、MEN［2014］

図1　バカロレア：象徴的免状の増加と多様化

バカロレア免状は、これまでの四年間に代わり、中学卒業後三年間で取得できるようになった（CAPあるいはBEP、ついで職業高校の第一級と最終級）。他にも、再試験で口頭試問を実施することでこの免状合格率は増加したのである。

一九八〇年〜一九九〇年代はまた、就学期間がより幼少期へと伸びた時期でもある。その結果、一九九五年以降はほぼ全児童が三歳から就学している。当時二歳児の三五・五％もが就学していたが、この割合はその後減少傾向になり、二〇一四年には一一・八％となった［MEN, 2015a］。最年少の子どもたちの就学率の低下という、学校制度の普及という状況の中では珍しい事実は、保育学校の学校的性質への軌道修正によるものである、とＰ・ガルニエは説明している［P. Garnier, 2009］。実際に一九七七年八月二日の通達では保育学校には「三つの役割、すなわち教育、予備教育、保育」を定めていたが、近年、制度や学習指導要領が発達したことで学校的ロジックのみが優先されるようになり、「保育」の機能は承認されない傾向にあり、したがって二歳児の受け入れも同様にそのような傾向にある。

二度に渡る教育爆発は学校の地位を著しく変容させた。すなわち「国家的第一の優先事項」（共和国の学校再生のための教育基本法、二〇一三）であり、以後、全社会階層から投資されている［T. Poullaouec, 2010］。しかしながら、学校の普及は機械的に大衆化をもたらしたわけではない。

学校は大衆化しているか？

この質問に答える前に、大衆化の概念に関する議論の広がりについてもう一度触れる必要がある。この議論は定義および現象の測定の問題に何よりも集中している。学校において社会的不平等が展開されているという懸念は、大衆化という考えに結びついた概念や選択された指標および学術用語に大きく拠っている［J.-C. Combessie, 1984; P. Merle, 2000; M. Duru-Bellat et A. Kieffer, 2000; S. Garcia et F. Poupeau, 2003］。例えば、全バカロレアへの到達を議論するのか、職業、技術、普通バカロレア、この三つの中でさらに系や専攻を区別するのかにより、結論は同じにはならないだろう。

A・プロ［A. Prost, 1986］は学校の大衆化とその定義の問題に関する議論を始めたが、それは量的大衆化と質的大衆化とを区別しながらのものであった。「量的大衆化は、教育の増加および就学の発展と混同される。（中略）大衆化がかなったと言っても、それで社会的不平等が消される訳ではない。大衆化は社会的不平等を移動させるだけである［1986, p.12］。質的大衆化については、「就学の社会的差異」の減少をさす［p.13］。一九四七年から一九八〇年の間に実施されたオルレアン都市圏の生徒に関する調査から、プロは、第一次教育爆発は学校の「量的」大衆化（就学期間の伸長）を導いたが、それと同時に教育課程の社会的ヒエラルキー化の増加が起きていることを示した。大衆化はしたがって「質的」ではないのである。

これら二つの概念は不十分であると判断し、分析を第二次教育爆発まで広げたのがP・メルル［P. Merle, 2000］である。メルルは、「隔離的民主化」という概念を提案することで、ある学校段階へのアクセスが社会的に広がるという事実には、その段階に固有の様々な構成要素の差異が増大することや、異なる各教育課程へのアクセスにおいて社会的な格差の増加を伴うことを説明した。例えばバカロレアのケースでは、この免状へのアクセスの増加はバカロレアの種類や系（séries）の間の差異を伴うのである。さらに、このような「垂直な」不平等、つまり同じ学校段階における作用の脇で、「水平方向の」、すなわちある段階へのアクセスの不平等が続いている。庶民階級（コラム③参照）の生徒は常に他の階級の生徒よりもバカロレアへの到達率やその先の高等教育への到達率が低いのである（第二章参照）。

コラム③

庶民階級（classes populaires）という概念

フランス社会学の「二つ目の礎」（序章参照）は労働者階級の研究を中心に置いた。一九六〇年代以降発展した研究では、管理職の子どもと労働者の子どもそれぞれの学業達成を比較することで、学校における社会的不平等が広範囲に把握された。しかしながら、一九九〇年末より、「労働者階級（classe ouvrière）」という概念は社会学的記述から消える傾向となったが、これは、社会的変容（労働市場に女性も入ったこと、労働者の雇用状況の変化、被雇用者の労働条件のプロレタリア化［労働者化］、大量の失業など）と同時に、社会学的アプローチの進展（父親の職業のみよりも世帯の性質を考慮に入れること）によるものである。「労働者階級」はしばしば「庶民階級（classes populaires）」に代わり、彼らの財力と資産の小ささや、支配的規範からは区別される文化的行動から特徴づけられる個人および／または家庭を形容する［O. Schwartz, 1998; Y. Siblot et al., 2015］。実際にはこの概念は一般事務職、労働者、無職を一つにまとめるのにしばしば使われている。しかしカテゴリーを統一すべきではないし、概念の複数化は、家庭状況、夫婦二人の職業の交差、居住地、職業状況の安定性、免状の水準（学歴）あるいはさらには移動の歴史、これらに応じてその概念が覆い隠す状況の多様性へとつながることを忘れずにいるべきである。

学校内と学校外における学校様式

歴史社会学者G・ヴァンサンはその著書『フランスの初等教育（*L'école primaire française*）』［G. Vincent, 1980］の中で、学校様式（la forme scolaire）という概念を発展させ、「我々が学校と呼ぶものを構成する要素の総体と特徴」を示した［p.10］。この概念によって、以前はそれぞれ分離していた様々な分野における増大する学校の影響力を理解することができる。

学校様式の六つの特徴

ヴァンサン［G. Vincent, 1980］によれば、学校の歴史とは二つの社会化の方法の間の断絶の歴史であるという。つまり「見る-やる、と、聞く-言う」、すなわち模倣と試行錯誤による社会化の方法であり、年齢による区別や学校様式はそこにはない。とりわけD・タン［D. Thin, 1998］によるこれらの研究の再解釈に基づくと、この学校様式には六つの特徴が認められるだろう。

まず、一七世紀以降子どもは、就学向けの、大人の活動とは切り離された場所で教育されている。この場所は静寂と規律の重要性により特徴づけられる。静寂を保つためにその場には、発言するには指を立てる、などといった合図のシステムが敷かれている。学校は個人の人生におけるその影響力を強化し続け、今日では教師は学校的社会化のこの方法が「家で」継続することをあてにしている。例えば、宿題をやるために、家の中にも学校へ固有に向けられた場を再現することを家族は奨励されている。

学校様式に固有の社会化方法における二つ目の特性は、学習が練習として切り取られ、実践と切り離されていることである。ピアノの学習における学校教育のケースがその例証をしている。ヨハン・セバスチャン・バッハ（一七五〇年没）は初心者の生徒たちに小品を教え、次にすぐに作品を教えたのだが、一八世紀以降には、作品を弾けるようになる前にまず技術とソルフェージュができるようにならなくてはならない、と考えられるようになった［G. Vincent, 1980］。この学習方法はまた、「水準」というターム、そしてそこから「欠落」、つまり生徒の知識と年齢によりそうであるべきという進度の中での「水準」との差として決められるもの、というタームで考えることを意味している。学習を練習としてこのように切り取ることは、時間割やアジェンダ、その他の計画ツールの他に、「プログラム化された記述」を必要とするものである［J. Goody, 1977］。

学校的秩序の三つ目の特徴は、規則の偏在である。一九世紀以来、小学生はある程度の規則を守らねばならない。教室空間における時間の厳格さから身体や姿勢のコントロールまで、命令が生徒を「自律させる」ことを課すのに応じて、現在のフランスの教育制度の中でこれらの規則は、たとえ形式が変わる傾向にはあっても今も中心に置かれている（後述参照）。

四つ目に、学校様式は生徒を常時支配する（occuper）ことにつながっている。例えば学校では、どの生徒も手が空いているということのないよう、時間は教科と練習に厳密に配分されており、プログラムの実行が生徒の作業（つまり活動（occupation））を様々な時間の範囲の中で保証している。そして大体の場合、口頭での参加〔発言〕と同様に、実現された練習が評価の中で「重要性を持つ」のである。

現在の学校制度では、学校様式はヴァンサンが出版した頃よりもさらに、非人格的権力に従う命令によって特徴づけられ、そこから自律に対する価値づけが生じている。確かに学校様式は、その起源からして、社会的関係性の非人格化（匿名化）により特徴づけられる。すなわち、口承の社会的様式では知識がその所持者と一体であるのとは違い、学校では師が、自分が課す規則は彼自身の事実（fait）ではなく、彼を超えた社会的秩序に由来し、生徒は自らの快適のためにそれに従わなくてはならないものである、と理解させる役目を持つ。B・ライール〔B. Lahire, 2007〕はこのような自律という規範が、近年学校の措置の中で含みを増していることを示した。一九八九年の教育基本法以来、生徒は教育的措置の「中心」に位置づけられ、それからは「自らの知的活動に責任を持ち」「省察や生産–創造の状況に置かれた」〔2007, p.329〕、つまり端的に言うと、非人格的規則を自分のものにするのである。生徒はこうしてしだいに自らの「師」となること、すなわち「一人で鍛錬する」ことを促され〔p.337〕、つまりは学校的視点や学校の判定カテゴリー〔どの水準にあるかの判定〕を内面化することを促されるのである。

最後に、六つ目の特徴は強制と喜びの間の論理である。学校様式は、二一世紀にそのように構成されているように、生徒に非人格化された規則に服従するよう自己に強制しながら同時にそこに喜びを見出すことが必要となる〔M. Darmon, 2013; J. Cayouette-Remblière, 2016〕。この緊張によって学校制度は二〇世紀を通じて変容した。ジュール・フェリーの学校においては、学校における作業方式は「労苦」という考え方と非常に近いものだった。学校の一般化とともに、喜びというものに価値が置かれた。それはなぜなら生徒の関心を呼び起こすものであると考えられたからであり、これにより気晴らしと混同されるような一つの学習タイプが生み出された〔J.-M. de Queiroz, 2005〕。こうして、たとえ秩序の尊重は学校制度の土台であっても、学校制度は矛盾的ではあるが喜びに高い評価を与え、提示された練習問題は、それに真剣に取り組む者であれば誰の関心を引くものであるはずだとほのめかすのである。このようなフィクションは、学校で喜びを見つける素地を与える者である教員特有の就学経路（第五章参照）によって部分的に保たれている。

学校の壁の外における学校様式

今日、学校的な社会化の方法は学校においてのみ課されているわけではない。それは学校の境界を越え、社会的生活という分野にとりわけ広く影響を及ぼしている。

学校様式の影響力はまず学校外活動において測られる。例えばR・デリペは、学校における学習からの断絶とはほど遠く、「現代の音楽」の教育は「活動における形式的な関係性、学校様式の特徴」から関係を解くには至っていない〔R. Deslyper, 2013: 49; F. Eloy, 2013も参照〕という。F・ルナー〔F. Renard, 2009〕は、高校生の読書実践の方法が学校的基準で評価されるということを研究している。

学校様式は次に、家庭の教育実践にも不可欠であり、これは例えばソーシャルワーカーによって「就学可能な（«scolarisables»）」子どもを生み出す能力があるかというものさしで定期的に判定される〔D. Thin, 1998〕。A・ヴァンザンタン〔A. Van Zanten, 2009〕は、中流および上流階級の家庭における社会化が学校様式に近いことを示した。両親は、遊びの教育的意味に興味があり、関係性を言語化し、子どもの面倒を途切れることなくみるが、これはとりわけ規則正しさや自分の時間を操作するという素質を作ることへつながる。家庭内におけるおもちゃの社会的な使い方を研究したS・ヴァンサン〔S. Vincent, 2001〕は、おもちゃは、教育的関係のベクトル、つまり学校に従属しているとし、庶民階級ではそれは罰や学校的ご褒美の物であり、あるいは上流階級においては、しばしば、顕微鏡のように学業的に役立つために選ばれているという。

しかしこのような様式は同時に家庭の境界を越え、多くの職能集団の実践と判定を構築している。求職中の若者を援助するために、地域センター（missions locales）[訳註1]のアドバイザーは、学校と同じような様式のインターンシップを再現している〔D. Thin, 2010〕。同様に、工場における職業的社会化にも、一九三〇年代まで用いられていたのとは反対に〔J.-P. Terrail, 1990〕、学校的社会化方式の影響が見られる。S・ボーとM・ピアルー〔S. Beaud et M. Pialoux, 1999〕の研究は、工場内でも「良い労働者の学校的モデル」が強要されていることを示唆しているが［p.132］、そのモデルは、注意深く、規律に従い、オープンで、リーダーシップに溢れ、常に進歩を目指して研修を受け、政治的あるいは組合的指向から解放されていることだという。

一九八〇年にG・ヴァンサンが学校様式という概念を定義した時に、彼は、学校は一つの「支配的様式であり我々の社会における、社会化のプロセスである」と書いている［G. Vincent, 1980: 262］。学校の一般化という事実、しかし同時に社会生活の多様な全分野における拡大、これらのことにより、学校様式は子どもたちにとって支配的となっただけではなく、大人にも同様に関係するのである。つまり、我々の社会において学習というのは、学校的なものを除いて考えられることはできないと思われる。

訳註1　ミッション・ローカル（正式名称：若者の社会及び職業参入のための地域センター（Missions locales pour l'insertion professionnelle et sociale des jeunes））は、一九八一年のシュワルツ報告書（Benard Schwarz）を機に、ミッテラン大統領政権下の一九八二年三月に、オルドナンス（行政命令）によって公的機関として設置された。ここでのミッションとは、当時無職であった若者（一六歳から二五歳）の職業参入ないし社会参入を一八カ月内に達成することにあった。二〇一五年現在、全国に約四四〇地域センターを数え、六五六〇カ所に窓口が用意されている。約一四〇万人の若者が利用している（http//www.unml.info/accueil.html）（二〇一七年八月一日閲覧）。

第二章 差異化されたままの学歴

二度の教育爆発を通してフランスの学校制度に起こった激変は、どのように生徒の軌跡に影響したのだろうか？　本章ではまず、生徒の進路がいまも社会的出自や性別、移動歴に関連して社会的に差異化されたものであることを示すことに焦点をおく。学歴の差異化の古くからある形（留年、バカロレア取得率など）は今も続いているが、中等・高等教育ではこの数十年を通し他の違いも現れてきており、差異化は複合的になる傾向にある。このような進路の差は生徒の就学中を通して構築され、かつてないほどに彼らの社会的運命にインパクトを与えている。それはなぜなら、フランスの「免状《ディプロム》社会」では免状は職業的地位へのアクセスに決定的役割を果たしているからである。

初等および中等学歴の社会的差異

フランスでは、学歴分析は特にＤＥＰＰ（評価予測成果局）のパネル調査データ（コラム④参照）により牽引されてきた。ここでは社会的出自や性別、移動歴は最も差別的な役割をするものとして現れていると考えるが、これらが個人の性質による学校的不平等に関する研究を論じ尽くすことはないということを忘れないようにしつつ進めることとする。

コラム④

ＤＥＰＰ（評価予測成果局）のパネル調査

一九六二年、ＩＮＥＤ（国立人口学研究所）においてアラン・ジラールとアンリ・バスティッド［A. Girard et H. Bastide, 1963］（原書に記載はないが著者に確認し追記した）が小学校を卒業した生徒をサンプル抽出し、初めての縦断的追跡調査を行った。一九七三年に国民教育省統計局、現在のＤＥＰＰ（評価予測成果局）はこの方法を踏襲し、一九七三年、一九八〇年、一九九五年、二〇〇七年の第六級または特別教育（特殊教育学科－普通職業適応教育科、SES-SEGPA）に入学した生徒の抽出サンプルの構築を行い、多様な方法による調査（学校における登録情報の収集、家族、次に若者への質問紙調査、特殊な評価法など）によりこれらの生徒の進路の追跡を行っている。最新のパネル調査（二〇〇七年のもの）はまだ生徒の中等教育修了までを追跡できていない（本書のフランス語版が出版された二〇一六年四月現在。二〇一五年に分析結果が公開されているが反映されていない）ため、一九九五年のパネル調査もここでは用いることとする。

一九七八年、一九九七年、二〇一一年の新学期に教育省は初等教育の生徒についても一年次以降の就学パネル調査を行っている。

二〇〇七年第六級入学者の軌跡から総括できること

二〇〇七年に第六級（中学一年）に入学した生徒の学歴は一九九五年の同パネル調査と比較するとはっきりと均質化している［J.-P. Caille, 2014］。初等教育および前期中等教育を通し、留年（コラム⑤参照）および第三級以前の進路選択は稀になり、後期中等教育では「第二級、第一級、最終級」という課程が、特にこのモデルに基づいた三年間の職業バカロレア課程が創設されて以降には標準となった（図2参照）。こうして第三級を終えた後、六二％の生徒が普通・技術課程第二級（普通・技術バカロレア取得課程）へ、二五％が職業課程第二級（職業バカロレア取得課程）へ、一四％が二年間でＣＡＰ（職業適格証）取得課程へ進学している。

留年を判断する

フランスはOECD諸国の中でも最も留年率の高い国である。二〇〇七年に第六級に入学した生徒の三一％が小学校か中学校で少なくとも一度は留年している。この率はしかし一九六〇年以降安定して減少している。当時初等教育一年次を留年する生徒は二二％だった。特にこの一〇年を通した減少は顕著であるが、これは留年を減らすために様々な措置を講じた結果である。この中で最新のものである二〇一四年一一月の省令は、留年は、「例外的」にのみ、すなわち、学業中断の後、あるいは第三級あるいは第二級終了時の進路選択において家族の依頼により取られる対応であると示している。これらの政策的措置は、留年は社会的に不公平であり――なぜならそれは何よりも庶民階級の子どもに関わることである――また同時に非効率である――つまりそれにより生徒が学業の遅れを取り戻せるわけではなく、生徒の自信を失くさせ、そしてその後の進路選択に負の影響を及ぼす［M. Crahay, 2004; C. Baudelot et R. Establet, 2009］ということを明らかにした重要な批判にとりわけ答えるものである。

これらの進展の結果、二〇〇〇年代には、学業の遅れは生徒の学校における成功や失敗のしるしだと考えられることはなくなった。反対に第二次教育爆発以降は、留年という事実は、生徒により異なる現実を表しているが、しかし同様に学業水準を表してもいるのである。つまり初等あるいは第六級、第五級、第四級では、留年はむしろ学習成果の弱さを映し出し、第三級あるいは第二級では、それはしばしば希望しない進路選択を避けたことに起因している。これと対照的に、留年をしなかったという事実は非常に異なる状況から組み立てられている。教授・学習指導チームは、すでに一年の遅れがあり〔学業〕困難の状況にある生徒を留年させることは避け（「当該年齢での進級」と言われる実践）、同様に、留年しても彼らにとってそれが何の役にも立たないだろうと考えられる生徒にもそのようにする。それはなぜならこれらの生徒の学業困難は解決できるものではないと判断されているからである。

社会的出自により明らかに差異化された進路

社会学者により明らかにされた、進路を差異化させる一つ目の原理は社会的出自である。今日においても学歴を常に強く差異化させているのは「保護者（personne de référence）」の職業、すなわち、父親がいる場合には父親、いない場合には母親、あるいは場合によっては他の責任者である。就学期間の平均が長くなるばかりである中、この差異化は早期に行われるままでいる。C・ジョワニョー〔C. Joigneaux, 2009〕はこれを保育学校からと観察している。国のデータによれば格差は初等教育一年次から既に表出するが、一般事務職、労働者、無職の親を持つ子どもに不利であること、最初にできたこの差はさらにその次の〔教育〕段階で広がることがわかる（表2参照）。

中学校では、二〇〇七年に第六級に入学した生徒のうち、非熟練労働者の子どもの四四％、無

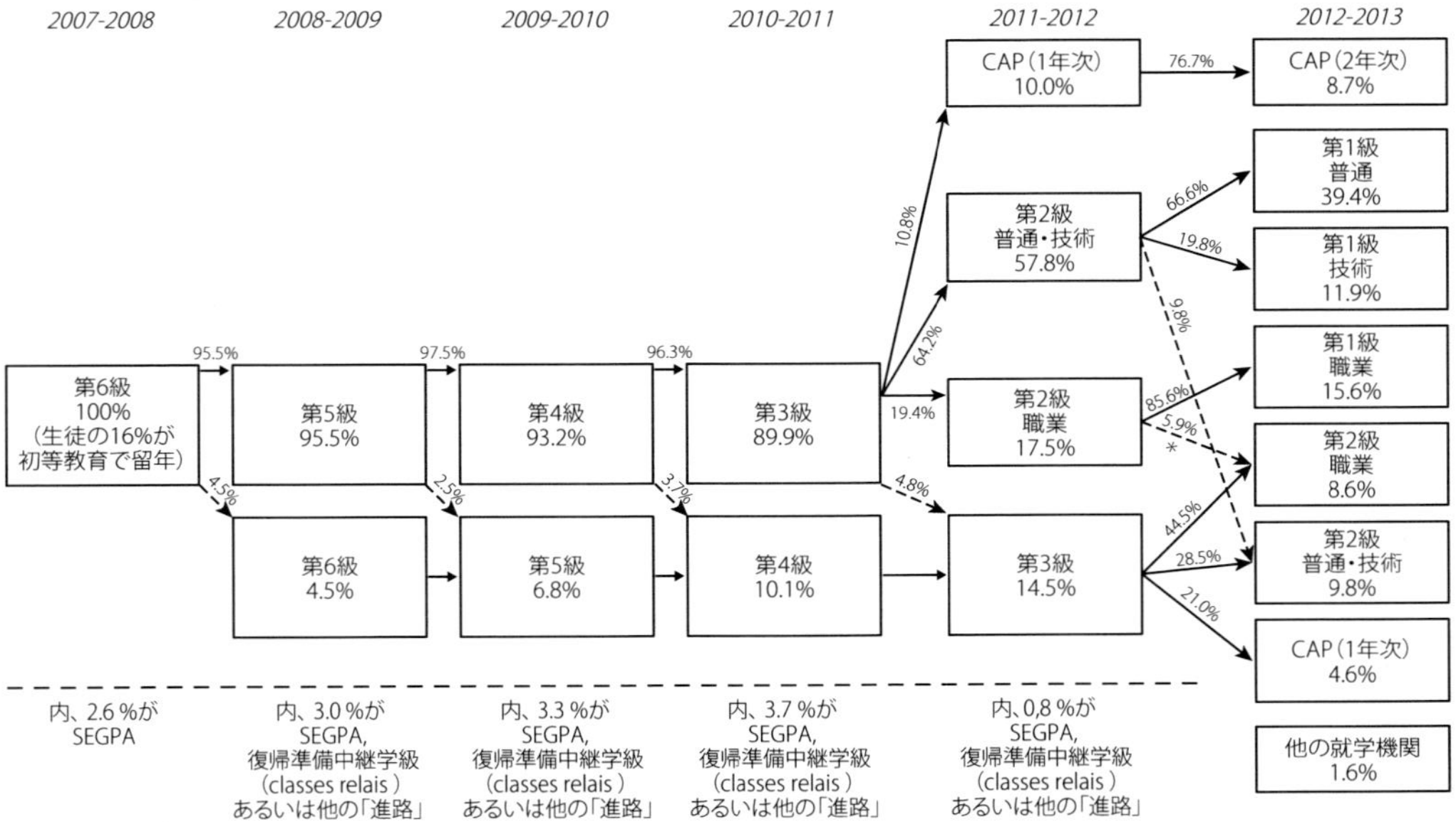

読み方：⟶ は進級、- - -▶ は留年
出典：2007年度中学入学パネル調査（2007－2013）、（DEPP2013）
＊：原書では進級を表す ⟶ となっているが誤記であることを著者に確認し、訳者により修正を行った。

図2　2007年度中学入学者の就学経路

表2　社会的出自による就学経路に関する指標

保護者の社会職業カテゴリー	初等教育における留年率（%）	第6級, 5級, 4級における留年率（%）	第3級における留年率（%）	普通・技術高校への進路選択（%）
農業従事者	12	8	1	61
職人、商人	16	11	4	64
管理職、上級知的職または企業社長*	5	5	3	88
教師	6	5	2	86
中間職*	11	9	4	70
一般事務職	19	13	4	55
熟練労働者	22	13	5	47
非熟練労働者	27	13	5	44
無職	48	17	6	25
合計	*18*	*10*	*4*	*62*

*教員を除く
対象：2007年にフランス本土の公立または私立中学の第6級あるいは普通職業適応教育科（SEGPA）に入学した生徒
読み方：2007年のパネル調査で対象となった生徒のうち、保護者が農業従事者である者の12%が初等教育段階で留年しているが、全体ではその率は18%である。
出典：2007年中等教育入学生徒のパネル調査（2007-2013年）、2013（DEPP-国民教育省）

職の親を持つ子どもの六八%が少なくとも一度留年しているが、これは管理職、上級知的職あるいは企業の社長の子どもでは一二%にすぎない。つまり留年がますます稀なことになっても、社会的には差別的であり続けていることに変わりはないのである。

このように留年の確率が不平等であることは、第三級における普通・技術高校へ進む者と職業課程（職業高校あるいは見習い訓練）へ進む者との間の社会的に差異化された進路選択に結

表3　社会的出自ごとのバカロレア取得率および多様性

保護者の社会職業カテゴリー	バカロレアを取得した生徒の割合%	取得者中の3つのバカロレアの分散（%）		
		普通	技術	職業
農業従事者	70	43	37	20
職人、商人	58	49	37	14
管理職、上級知的職または企業社長*	80	78	18	4
教員	87	80	15	5
中間職*	72	57	30	12
一般事務職	59	48	35	17
熟練労働者	49	38	39	23
非熟練労働者	39	32	40	28
無職	34	47	34	19
合計	*59*	*54*	*31*	*15*

*教員を除く

読み方：1995年に第6級に入学した保護者が農業従事者である者の70 %がバカロレアを取得し、その43 %が普通バカロレアを取得している。

出典：1995年中等教育入学生徒のパネル調査（1995-2011年）、2011（DEPP-国民教育省）

びつく。教員、管理職・上級知的職、企業の社長の子どものの九〇%が普通・技術高校へ進むのに対し、労働者や無職の親を持つ子どもでは五〇%の壁を下回り、一般事務職の子どもについてはこれをほんのわずか超える程度の割合である。U・パレタ［U. Palheta, 2012］が指摘するように、庶民階級の子どもがもっとも高い確率で進む課程が職業課程である。このことは、部分的には庶民階級の子どもの学業結果がより悪いことから説明がつくのだが、また同時に、同じ成績の場合で比べた時に庶民階級の子どもの方が普通・技術課程へ進むことが少ないことからも説明される（第三章参照）。
社会的出自による学歴の不平等は、最終的にバカロレア取得率にも観察される（表3参照）。取得率は一九九五年の第六級入学者では教員、管理職・上級知的職、企業社長の子どもで非常に高く、社会的ヒエラルキーが低くなるにつれて減少する。しかし全体での取得率には異なるバカロレアそれぞれへのアクセス事情が隠されており、普通バカロレアは上流階級にとって断然標準であるのに対し、庶民階級の子どもは技術バカロレアと職業バカロレアを取得することが多い。こうして、最も免状《ディプロム》の所有数が少ない社会階層の中において、取得バカロレアの種類は最も多様なのである。

……そして性別では

女子と男子の学校的不平等に関する研究は一九六〇年代、一九七〇年代には教育社会学の中で周辺的な位置付けに限定されていたものだった［C. Marry, 2001］が、一九九〇年代以降には以下の二冊の出版と関連し前面に出るようになった。それはM・デュリュ＝ベラの『娘の学校　性差の社会的再生産（*L'école des filles*）』［M. Duru-Bellat, 1990］とC・ボードゥロとR・エスタブレによる『がんばれ女子たち！（*Allez les filles!*）』［C. Baudelot et R. Establet, 1992］である。それ以後、教育制度の近年の変容を考慮しても、性別による不平等は「驚くほど一定で変わっていない」［J.-P. Caille, 2014: 17］。初等・中等教育では女子は男子よりも全体的に成功している。すなわち、

表4　性別ごとの就学経路に関する指標

性別	初等教育における留年率（%）	第6級，5級，4級における留年率（%）	第3級における留年率（%）	普通・技術高校への進路選択（%）
女子	16	8	5	68
男子	20	12	4	56
合計	*18*	*10*	*4*	*62*

出典：2007年中等教育入学生徒のパネル調査（2007-2013年）、2013（DEPP-国民教育省）

留年率や職業課程への進路選択が男子より少なく、バカロレア取得率は男子より高い。

さらに、第三級以降は〔課程の〕種類、系、専攻により男女の差が見られる。全ての課程でこのことは見られる。職業課程では、秘書、美容師、あるいは衛生・社会福祉関係のキャリアのような専攻ではほぼ女子しか就学していない。一方、電気技術や配管専攻は男子ばかりである。技術課程では、「工業・持続可能な発展科学技術」（STI2D）のような系は男子が多く、これに対し「健康・社会科学技術」（ST2S）のような系は女子が多い。普通課程だと、科学系（S）の生徒の五五％は男子であるが、文学系（L）では七八％が女子である。学業成績よりもはるかにこれらの性差的分割を説明するのは、進路選択のプロセスの背後に働いているメカニズムである〔第三章参照〕。科学系（S）のケースはこのことについて示唆的である。というのも、同じ成績である場合、男子は女子よりもこの系へと進学しているのである［S. Ananian *et al.*, 2005］。

学校におけるジェンダー問題に関する研究の復興は、まるで

表5　社会的出自および性別と就学経路の関係についての指標

性別	初等教育における留年率（%）	第6級, 5級, 4級における留年率（%）	普通・技術高校への進路選択（%）
管理職、上級知的職または企業社長			
女子	4	4	91
男子	6	6	86
中間職			
女子	10	7	76
男子	13	10	64
熟練労働者			
女子	22	11	54
男子	26	15	40

注：明解になるよう、ここでは数的にもっとも重要な3つの社会カテゴリーに限定した。
出典：2007年中等教育入学生徒のパネル調査（2007-2013年）、2013（DEPP-国民教育省）

「男子」と「女子」は比較的均質なグループを形成しているかのようにし、カテゴリーによる差異化の分析を顧みずに行われた。しかし、もしこの二つの母集団間に違いが見られるのであれば、カテゴリーの内的変数、つまり例えば性別変数と社会的出自変数の相関が示すことを忘れるべきではない。表5からわかるように、社会的出自による違いは性別間の違いよりもはるかに重要であり、したがって中間的職業を親に持つ男子は熟練労働者を親に持つ女子よりもより成功しているのである。この他、全ての社会階層において女子は男子よりもより有利な就学経路を辿っているが、この差は庶民階級に寄るにつれより大きくなっている。

この観点からバカロレアの取得率を考察してみると、女子は男子よりもこの免状を取得することが多いが、庶民階級ではこの差はより大きくなる。そして、両極端では、性別と社会的出自が非常に対照的な状況を生み出している。すなわち、教員を親に持つ女子の九二%がバカロレアを取得しているのに対し、無職の親を持つ男子ではたった二八%である。庶民階級の男子のバカロレア取得率の低さは、一方ではそれは彼らと女子との違いであり、他方ではそれは中流・上流階級との違いなのである。

……そして移動歴では

生徒の移動歴がフランスにおける学校の社会学の中で考慮されるようになったのも比較的近年のことである。いくつかの稀な事例を除き［P. Clerc, 1964］、これらの問題が研究の関心となったのは一九八〇年代以降になってからのことである［H. Bastide, 1982; Z. Zeroulou, 1988］。このことは第一に国内背景によるものである。フランスは長年、自らが移民国であるということを無視しており［G. Noiriel, 1988］、移民の「統合」が社会的問題として構築されたのはこの三〇年来でしかないのである［E. Santelli, 2016］。さらに、フランスの学校社会学は社会的出自による差異に関する問題提議をめぐり一九六〇年代に（再）構築され、他の変数には副次的な位置しか与えていなかった。

移動歴に言及した最初の研究は「外国人」の子ども——つまり、フランス国籍がない子ども——に集中していた。そこで移民である——つまり、外国で生まれた、ということ——あるいは移民の子どもであるという事実についてのコンセンサスが作られ、それが分析にとってより適切な基準を形成した［L.-A. Vallet et J.-P. Caille, 2000］。最新のデータの中でも常に現状として確実なことは、移民（の子ども）の就学経路はフランス生まれの人々に比べて不調和なものであるということである。しかしながら、移民（の子ども）を一つのグループとして均質化しないことは重要である。なぜなら表6が示すように、これらの全体的な結果は現実には出身国により多様だからである。

これらのデータから、移民（の子ども）であることはそれ自体が就学における障害であると結論づけるべきなのだろうか？　現実はより複雑である。なぜなら移民はまた非常にしばしば庶民階級のメンバーだからである。二つ目のこの特徴が、観察された差異を説明してはいないだろうか？　それこそがL－A・ヴァレとJ－P・カイユによる研究の重要な貢献である［L.-A. Vallet et J.-P. Caille, 1996］。この研究では、「外国人という属性」（外国籍であること、フランス本土外で生まれていること、フランス語以外の一言語を定期的に話す両親がいること、など）が学歴と学業成績に与える影響のみを他の社会経済的変数から独立的に取り出そうと試みた。そしてその結果、「他が全て同じ条件の場合」、移民（の子ども）はフランス人よりもよりよくやっていることが明らかになった。このことは、地理的な出自や文化的な違いに直接ハンディキャップが関係しているという考え方に反する。つまり、移民（の子ども）の学歴は何よりも家庭の社会経済的資源および両親の学歴資本を検討して説明されるべきなのである。

表6　移動歴による就学経路に関する指標

出身国	初等教育における留年率（%）	第6級，5級，4級における留年率（%）	第3級における留年率（%）	普通・技術高校への進路選択（%）
非移民家庭（n＝27542）	17	10	4	61
混成家庭（n＝3925）	17	10	5	66
マグレブ移民家庭（n＝1307）	31	10	5	56
サブサハラ・アフリカ移民家庭（n＝605）	32	11	6	51
ポルトガル移民家庭（n＝227）	28	10	3	50
トルコ移民家庭（n＝326）	37	5	6	51
アジア移民家庭（n＝395）	27	7	3	73
合計	*18*	*10*	*4*	*62*

出典：2007年中等教育入学生徒のパネル調査（2007-2013年）、2013（DEPP-国民教育省）

二〇〇〇年代初頭に、移民（の子ども）であるという事実を適切な基準とみなすこれらのアプローチは、何世代にも遡りうる移民という出自、宗教的外見、あるいは身体的外見に結びついたセグリゲーションと差別のメカニズムをとらえることができないという理由で批判された。そこでアングロ・サクソンの社会学から取り入れられた「エスニシティ」あるいは「人種」というカテゴリーが出現した［F. Barth, 1969］。このカテゴリーは社会的に構築される動的アイデンティティを指し示し［M. Safi, 2013］、以下の二つの論理を通し個人間の不平等を産出しうるものである。一つは割り当ての論理であり、個人はある一つの人種／エスニックのグループ（「黒人」「アラブ」）だと考えられる外見を課される。そして／あるいはもう一つは同定の論理であり、この論理により個人は別々の集合的経験の中で自らの姿を見分ける［D. Fassin et É. Fassin, 2006］。

フランスでは「エスニック」および「人種」カテゴリーは「センシティブなデータ」とみなされている。その結果、二〇〇〇年代初めにはこれらのカテゴリーを把握する統計的ツールは存在していない。二〇〇三年に出された一つの研究の中でG・フェルージス［G. Felouzis, 2003］は適切な指標を構築することを提案した。それは彼が複数の中学校の生徒をファーストネームにより「文化的出自」のグループに分けたものである。二〇〇八年には、国立人口学研究所（INED）と国立統計経済研究所（INSEE）がTeO（経路と出自）調査を実施した。二万人以上を対象としたこの調査は出身が生活状況と経路に及ぼす影響について測る目的のものである。調査は特に移民やその子孫、フランスの海外領土出身者やその子孫が遭遇し得る差別を識別しようとするものである［C. Beauchemin *et al.*, 2016］。この調査は学術的な可能性の範囲を新たにしたが、それは個人の経路に関するデータを提供すること、そして、特に彼らの感情に関するデータというエスニックあるいは人種による差別感に関する研究のきっかけとなるようなデータを提供することによるものである［C. Beauchemin *et al.*, 2016］。

二〇一三年にはM・イシュー［M. Ichou, 2013］がTeO調査のデータに特に依拠しながら、既に知られていた移民の子どもの就学に関する結果を明確にした。彼が主張したのは「移民の子ども」というカテゴリーは出身国ごとに述べることの必要性である。そして、移民の子どもとフランス生まれの子どもの就学格差は社会的特性を考慮に入れた時、マグレブや南ヨーロッパからの移民の子どもについては有意ではなくなること、東南アジア、中国からの移民の子どもについてはフランス生まれの子どもをしのぎさえすること、しかしトルコとサヘル地方からの移民の子どもは常に、より脆弱な結果を得ていることを示した。イシューはこのような出身国による違いは、彼らが出身国においてどのような〔社会的〕出自であったかという社会的特徴によるものだと説明している。例えばトルコからの移民は農業従事者、一般事務職、あるいは労働者の父親がいる確率が最も大きいのに対し、東南アジアおよび中国出身の移民はそうであることが最も少ない。

留年の減少および就学期間の伸びが一般化したことで学歴は形式的には近付いたものの、差異は今も続いており、そして同じ社会的要素の周りに構築されて続けている。事実、そこに働くメカニズムの正確な分析によれば、社会的不平等は消滅するどころか変容していることがわかる。

第二次教育爆発後の学歴に関するいくつかの傾向から

T・プーラウエックとC・ルメートル〔T. Poullaouec et C. Lemêtre, 2009〕が強調しているように、二度の教育爆発は同じ図式のもとに起こっている。政治的積極的介入策により、以前は社会的・学業的に選ばれたごく一部の者に限られていた専攻への進学は、次第に多数の生徒へと開かれた。家族からの社会的要求により拡大したこれらの方策は多くの効果を生み出すには十分だった(第一章参照)。しかしながら、これらの方策はまた、早期の学業失敗や留年、そこから生み出される進路選択を変えることはなかった。その結果、これらの方策はしばしば、生徒たちの困難を解決することなく共通した系統にとどまるよう導いていた。

後に持ち越される不平等、変容する不平等

進路が統一されるのと時を同じくして、不平等はその形を変えており、したがってここまでに示された留年率、進学率、バカロレア取得率はこのことを説明するには不十分であるのだが、それは少なくとも以下の三つの理由による。

まず一つ目に、一部の不平等は後年にならないと、そして往々にして生徒自身にも、可視化されない。実際、第六級への進学に際しあった障壁が一九五六年に取り払われると、敷居は二度の教育爆発により第五級終了時、次に第三級終了時、第二級、そして今日では、ある者たちにとっては高等教育入学時に、と次々に置き換えられていったのだった。生徒は徐々に長期間教育制度内にいるようになり、そして彼らのうち徐々に多くの割合の者が普通課程に残るようになってきているが、それほどまでには最終取得免状〔最終学歴〕という、就学の結果については均質的にはなっていない。

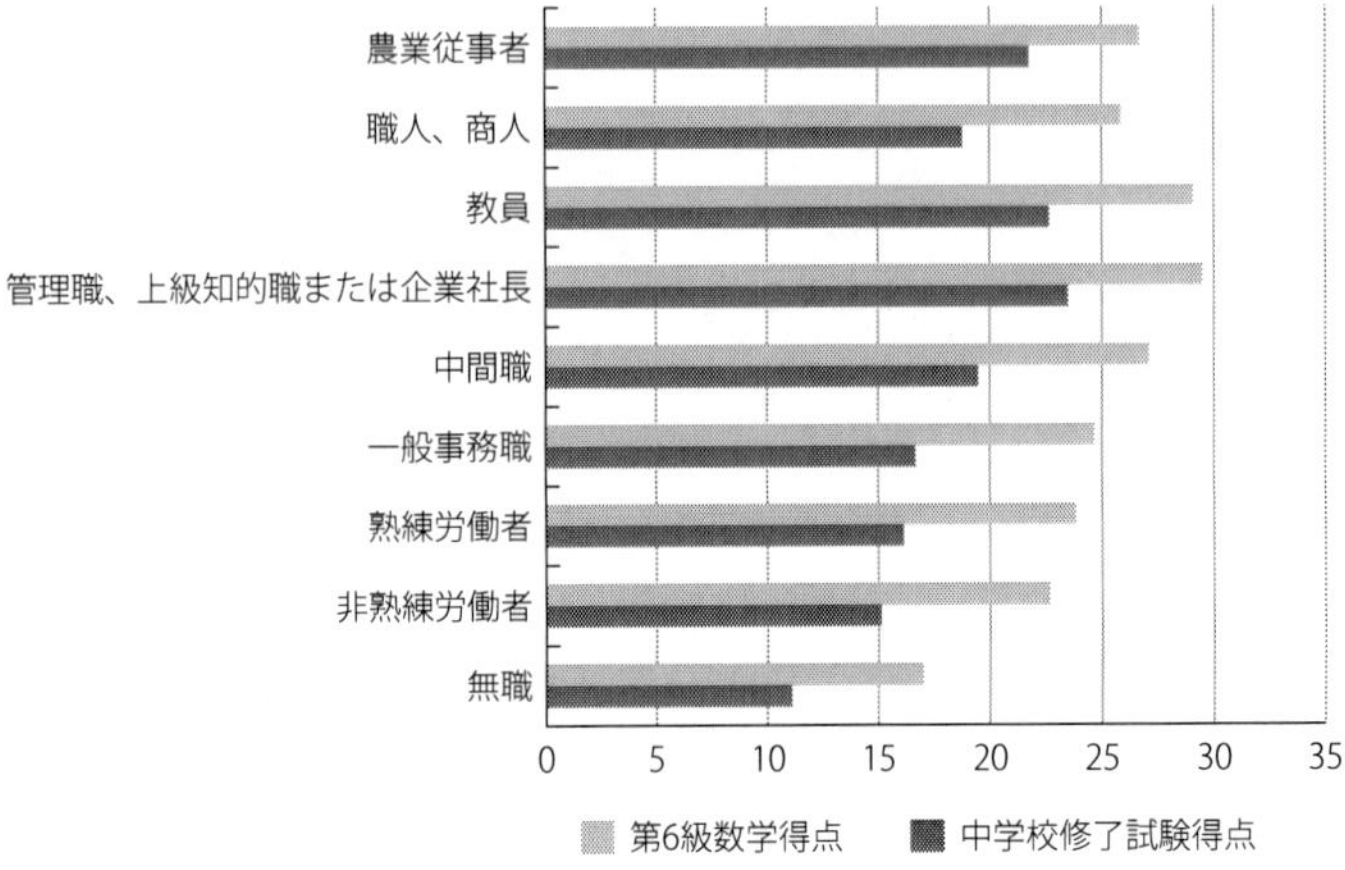

読み方：第6級における数学の標準テストにおいて、農業従事者の子どもは40点満点中平均27点を獲得している。第3級では、中学校卒業試験の数学において、彼らは40点満点中平均22点を獲得している。
出典：2007年中等教育入学生徒のパネル調査（2007-2013年）、2013（DEPP-国民教育省）

図3　各出身階層の標準テストにおける数学の平均点（40点満点）の第6級から第3級への変化

二つ目に、ある一定の学年における学業的な習得は不平等なままであることがあげられる。小学校入学時には既に社会的出自により習得には強い違いがあり、この学年について実施された全国標準テストでは、教師の子どもは労働者の子どもよりも平均一二点（一〇〇点満点制で）得点が高い[M. Colmant *et al.*, 2002]。この格差は長年存在しながらも無視されてきたが、格差は今も続いているのみならず、就学が進むにつれ増大している。中学校では、数学のケースがこのことをよく示している

（図3参照）。すなわち、第六級における労働者の子どもの平均点は、管理職、上級知的職または企業社長の子どもの平均点の八〇％、第三級では六九％となる。

最後に、学校［S. Broccolichi *et al.*, 2010］、クラス［M.Duru-Bellat *et al.*, 2004］、教育課程［U. Palheta, 2012］、系［B. Convert, 2003］、専攻は非常にヒエラルキー化されており、それにより中等教育における就学経路は常に非常に不平等であることがあげられる。

「先延ばしの排除」

第二次教育爆発後における教育制度の中心的特徴の一つは、F・ウヴラールが一九七九年には「先延ばしの排除」と呼んでいたもの、つまり、時間を置いて庶民階級の生徒が排除されるプロセスである。ウヴラールは「制度からの排斥による選抜や排除の乱暴な形式」［F. Œuvrard, 1979: 88］と、教育制度の前段階で排除されているはずだった生徒たちをそこにとどまらせるという新しい形の緩やかなヒエラルキー（学校間、系間、専攻間、生徒間）とを対比させた。生徒たちに資格を与えるために、相対的な社会的運命が修正されることのないままそのように教育制度の中に維持された生徒たちのことをP・ブルデューとP・シャンパーニュ［P. Bourdieu et P. Champagne, 1993］は「〔教育制度の〕内部から排除された者」と呼んでいる。そこから示されるのは「潜在的に排除された者」であり、彼らは、矛盾や困難という、教育制度が以前はこれらの生徒を退けることで解決していたものを、学校制度にもたらす。これらの生徒は学習にほとんど身を入れていないのだが、自分たちの両親よりも長期の就学から利を得ることを期待している［J. Cayouette-Remblière, 2016］。

制度の中に「潜在的に排除された者」を留めておくことで、「先延ばしの排除」は、中学校を始めとし中等教育の全ての段階や専攻で悪影響を及ぼしている。「統一中学校《コレージュ》」の創設および第五級終了時の進路選択の廃止の結果、以前は職業課程に「進路指導」されていた生徒たちはたいていの場合普通課程に進むようになったが、だからといって彼らは、到達する段階において期待される社会的資質や学校的知識をものにすることはない。したがって、中学校における就学経路を形式的には統一したにもかかわらず、経験的調査によれば多くの中学生が就学はしながらも認知的には切り離されている［É. Bautier *et al.*, 2002; Bonnéry, 2007］（コラム⑥参照）。

コラム⑥

認知的中退

認知的中退（あるいは内からの中退）とは、ある一定の就学段階に到達することが、そこでその段階に結び付いた学校的知識を獲得する可能性を保証することにはならないという事実を説明する極端なケースとして現れるものである。この概念はESCOL（学校と就学）研究チームにより提唱されたものであり［É. Bautier *et al.*, 2002］、このことからは、学校で学ぶこと

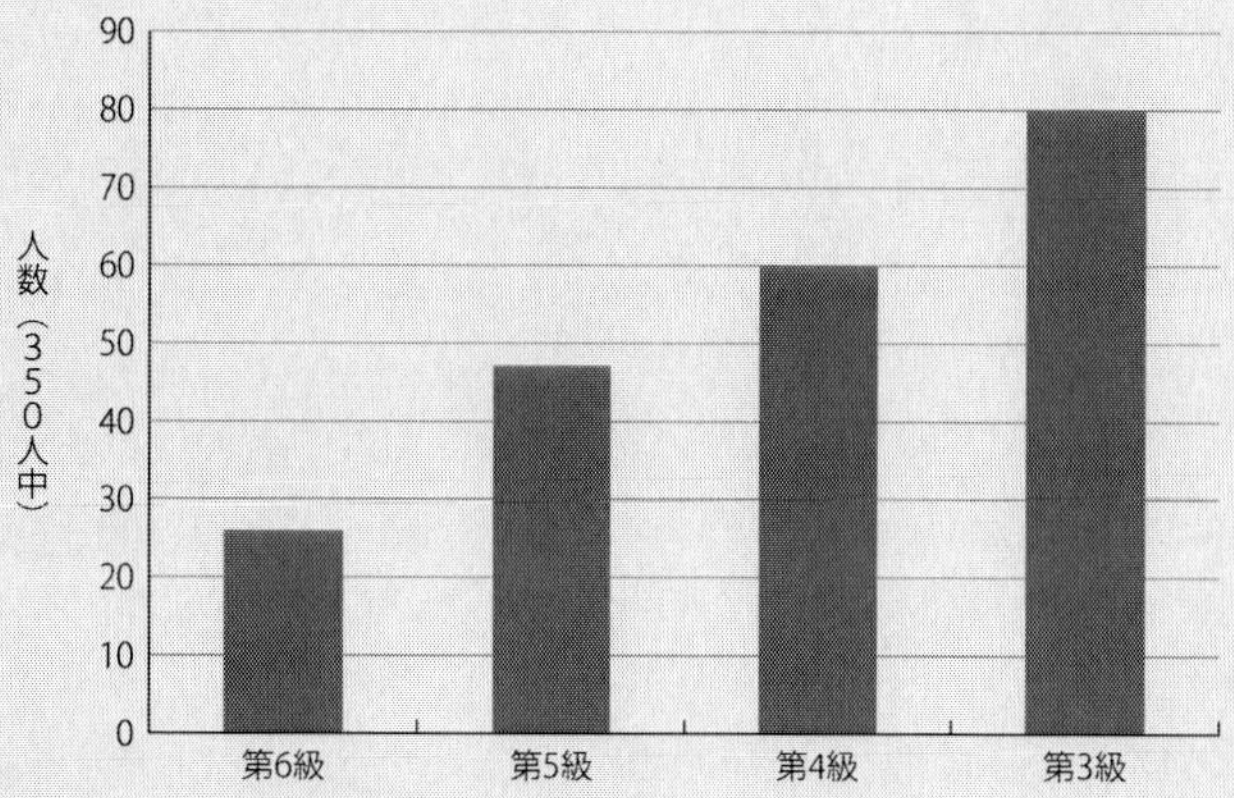

出典：J. Cayouette-Remblière [2013]

図4　「認知的中退」状態にある生徒の数は中学校の間に増加している

も理解することもなく在校している生徒は、もはや自らのしていることに意味を与えることができないということがわかる。この現象を計量化するためにJ・カユエット＝ランブリエール[J. Cayouette-Remblière, 2013]はこれに対する実際に即した定義として、毎学期二〇点満点中一〇点以下しかとっておらず、成績票に教員からの努力に関する記載もない生徒、と提案した。そして二〇〇一年と二〇〇二年に第六級に入学した中学生という二つのコホート（生徒五三〇人）の就学経路に関する研究で、カユエット＝ランブリエールは、このような状況にある生徒が中学校の学年が進むにつれしだいに増えていること（図4）、しかしながらこれらの生徒たちは否応なしに中学の就学を続けていることを算出した。

　中学校における観察および縦断的追跡調査に

基づき、数学の学習に焦点をあて、S・ブロッコリシ［S. Broccolichi, 1995］は一九九〇年代に早くも次のことを指摘していた。学業困難が深刻な生徒は学級という状況だけでは困難から挽回することはできない。特に同じグループ‐学級に学業困難にある生徒が多い場合ますます挽回はできない。認知的中退から立ち直る生徒は、学校外で、「有能な話し相手」、すなわちアソシアシオンその他と繋がっている家族のメンバーや友人といった者に恵まれている。また、特別な援助を伴わずに「当該年齢での進級」を行うと状況は固定されてしまい、生徒は学業活動に参加するのに必要な知識を持たずに学級に到達できてしまう［S. Broccolichi et C. Ben Ayed, 1999］。そして家庭では生徒たちの困難を埋めることはできない。この事実は未だに現状として残っている。

「先延ばしの排除」は後期中等教育においても同様に見られるもので、ここでの職業課程への進路選択は、ウヴラールにより明らかにされた緩やかな追放の性質を帯びている。職業高校に関する近年の分析は、そこで就学する生徒には、学校制度における彼らの位置付けと、彼らが就学した年限に応じて期待される利益に関して両面性があることを確認している。すなわち、これらの生徒は、追放されたという感情と、長期間勉学をしたいという希望、あるいはまた、職業課程を支配された立場と考えるのを拒否する労働者的誇りを持った態度の維持、これらの間で揺れ動いているのである［U. Palheta, 2012］（第六章参照）。

つまりのところ「内部から排除された者」は、普通高校において、学業成績からいうと本来進むべき進路（制度的な観点から）よりも、より評価の高い専攻に懸命に残っているこれらの生徒たちにより具現化されている。J・カユエット＝ランブリエールとT・ドゥサン＝ポル［J. Cayouette-Remblière et T. de Saint-Pol, 2013］は、これを「普通課程にしがみついている生徒」と呼んでいる。これらの生徒は普通教育課程のどの系にもいる。例えば、一九九五年パネル調査対象生徒の一・七％が、何度も留年した後にバカロレア理系（S）を取得しようと試みて（二分の一の成功）いるし、また、一・三％の生徒が経済‐社会系（ES）あるいは文系（L）で類似の状況にある。そして最終的には一世代のうち三・三％が普通・技術高校に入り（彼らはしばしば無理をしてそうした）、そしてバカロレアを取得することなく離学している。

高等教育における「引き延ばされた排除」

第二次教育爆発により、高等教育の大衆化も起こった。つまり一世代あたりのバカロレア取得者の割合が増加したのみならず、バカロレア取得後に学業を続ける者の割合も増加し、二〇〇〇年代以降はその割合はバカロレア取得者の七〇％～八〇％間を推移している［MEN, 2015a］。一世代あたりの高等教育免状の取得者率も増加し、一九九五年第六級入学者のうち三分の一は少なくともbac+3〔バカロレア取得後三年の高等教育課程免状〕を取得している（一九八九年パネル調査対象生徒では四分の一であった）［S. Lemaire, 2012］。バカロレア取得後の学業継続は政治的目的によって奨励されたことでもあり、二〇〇五年の「学校の未来のための基本計画法」において、二〇一五年までには一世代当たりの高等教育免状取得者の割合を五〇％にする目標が掲げられた。

しかしながら、高等教育へのアクセス機会は取得したバカロレアの種別に密に依存している。二〇一三年には、普通バカロレアを取得した生徒のほぼ全員が高等教育へ進学しているのに対し、職業バカロレア取得者では三三％である。それに、より多くの若者が高等教育へ進学するようにはなったが、その進路は社会的にも差異化されたままであり、「垂直方向」にも――つまり全員が同じ水準の免状に到達しているわけではなく――、そして「水平方向」にも――つまり教育課程の専攻分野や専門により進路が強く区別されている。このことは、高等教育における教育課程の種類が非常に多様化しているだけに、いっそう疑う余地のない事実となっている。例えば大学は三〇年ほど前には高等教育在学者の三分の二を受け入れていたが、今日ではその割合は二分の一より少々多い程度であり、一四％は高校内に置かれた教育課程（上級技手養成短期高等教育課程、STS）、グランゼコール準備級（CPGE）に、そしてその他は様々な学校――理工系大学校、商業大学校、医療系大学校、芸術系大学校、などに分かれている［MEN, 2015a］。

就学期間の長さと通っている教育課程の種類により生じるこれらの不平等には、高等教育における歩みの形式（留年、中断そして／あるいは進路変更）さえも通じて、不平等が加わる。学生の歩みのこのような差異化はまずバカロレア後の進路選択の時点で決まっている。実際、「高等教育の専攻分野空間は、そこに入学するバカロレア取得者に対してその総体で現れることは決してなく、アクセス可能か、目指しうるか、そして／あるいは考えられるか、というように考えられた部分部分でしか現れない」［R.Bodin et M. Millet, 2011: 20］。例えば、経済・文化資本を最も少なくしか持たない階層出身の生徒は、S・オランジュ［S. Orange, 2013］のSTSに関する研究が示すように、短期教育課程へ進学する。一方、恵まれた階層の生徒では、グランゼコール準備級という、より長期の学業へ進ませる専攻分野を目指す者がより多数である。性別もまた重要な役割を果たしており、今日高等教育登録者の五五％が女子であるが、男子は科学・技術専攻に圧倒的に多い。例えばエンジニアリング教育課程の登録者の七三％が男子学生であり、文学や人文科学、医療系の課程の学生の七〇％は女子学生である［MEN, 2015a］。

学生がその社会的、学校的、性差的な性質により高等教育の様々な区分に配置されるプロセスは高等教育入学後も教育課程の出口［N. Baupère et G. Boudesseul, 2009］や進路変更の作用を通して続けられる。国民教育省により実施された二〇〇八年バカロレア取得者の追跡調査［C. Jaggers, 2014］によれば、最初に大学の学士課程の一年次（L1）に登録した学生のうち、〔規定の年限である〕三年後に実際に学士免状を取得したのは三五％だけであった。言い換えれば、留年、進路変更、あるいは中退――一時的あるいはそうではない――の結果、一本線ではない歩みをすることとは、例外的であるよりはむしろ標準的なことである。そして、中等教育のケース同様、このような歩みの差異化は偶然に作られたものではない。すなわち、二〇〇八年にＬ１に登録した学生のうち、社会的に恵まれた出身の者で（企業社長あるいは管理職・上級・知的職の子ども）、かつ、いくつかの学校的資本（普通バカロレアを特記評価付き、年限通りで取得）を持つ者は、「線形」つまり学士号を三年で取得し修士課程へ進学する者が比率的に最も多く、一方、社会的、学校的に脆弱な生徒は、多くが留年、進路変更、さらには学業を中断している。他にも、女子は男子よりも学士号を三年で取得することが多い。

Ｓ・ルメール［S. Lemaire, 2012］は一九九五年パネル調査を使用し、「他の全ての条件が同じ場合」普通バカロレアを取得した者がbac+5水準へ到達する機会について分析した。これによれば、それまでの学業歴（バカロレアの取得年齢、専攻分野、特記評価）は、高等教育の入学時に行われた進路選択と同様、決定要因であるようである。こうして、bac+5への到達にはグランゼコール準備級での就学が、大学を経るのに比べて有利に作用する。また、両親の学歴および所得も同様に、この水準に到達する確率に有意に作用している。高等教育における歩みに対し影響力を維持していることを示す、社会的出自、性別、またそれまでの学業歴、とデータをいくつも重ねることもできるだろう。というのも、この水準の教育課程でカードの切り直しが行われるわけではなく、同じ不平等の論理が働いているのである。それでも、「先延ばしにされた排除」について話すよりもむしろ、「引き延ばされた」排除について話すのがより正しいようだ。なぜなら、一方で、庶民階級の生徒の大部分が既に高等教育以前に「排除されて」いるからであり、また他方、高等教育という水準の教育課程においても同じ排除のメカニズムが働いているままであるからである。かくして、このレベルに到達する庶民階級の生徒は、より多くの場合技術バカロレアあるいは職業バカロレアを取得しており、上流階級の生徒よりも短期教育課程に就学していることの方が多い。このような不平等の延長により、一九九五年に第六級に入学した生徒のうち管理職あるいは上級知的職の子どもの四一%がbac+5あるいはそれ以上に到達するのに対し、その率は非熟練労働者の子どもではたった四%となっている［S. Lemaire, 2012］。その上「格差を生じさせる大衆化」の現象がこれに続いている。それは、より多くの若者が到達するようになったものの、高等教育は専攻分野ごとに同じ対象を受け入れてはおらず分裂しているというものである。こうして、同じbac+2の水準でも、グランゼコール準備級にいる学生の六%が労働者の子どもであるのに対し五〇%は管理職、上級知的管理職の子どもであり、反対に、STSではこの比率は二〇%、一四%なのである［MEN, 2015a］。

免状社会《ディプロム》

今日学校は、一つの資格の取得へと導かねばならないものと考えられている。しかし常にそうであったわけではない。一九世紀には、小学校に就学した子どもの多くが、「それが多くの者の心を動かすものでもなかった」とは言えないにしても［F. Maillard, 2015: 23］、初等教育修了証書を取得することも試験を受けることもなく卒業して行っていた。M・ミエとG・モロー［M. Millet et G. Moreau, 2011］によれば、フランスの社会は二〇世紀に入ってから「免状社会」となり、免状を持つことは標準となったとのことである。評価されるものであり、評価するものである免状は、社会的しるしとなり、個人の職業的経路の定義や個人の地位に貢献し、しかしまたその代わりに学校的資格からの排除を生み出した。

社会・職業的将来への免状の影響

J－P・ジュアンとU・パレタ［J.-P. Gehin et U. Palheta, 2012］が指摘しているように、「免状の影響」を把握する最良の方法は、それを取得することなく養成制度を出た者のその後を考察することである。この二人の著者はCéreq（フランス資格調査研究センター）の「ジェネレーション」調査に依拠している。この調査は、どの教育段階であろうと同じ年に教育制度から出た若者からなるコホートの、就学終了後について追跡を行っているものである。ジュアンとパレタは「免状を持たない」で教育制度を出ている者の職業的状況が、一九八〇年代以降非常に悪化していることを指摘しているが、これは失業の増加および第二次教育爆発により労働市場の競争が増したからである。「免状を持たない者《サン・ディプロム》」は数が多くはないが——二〇一〇年にはそのような者は教育制度を出る者のうちの一六％前後である——、サービスあるいは工業分野における作業職を得るためには短期職業教育の免状を持つ者との競争に置かれる。その結果、一九九八年に免状なしで教育制度を出た若者のうち、せいぜい半数超だけが一〇年後に安定した職（任期なし雇用契約あるいは公務員）に就いているのに対し、この年に教育制度を出た者すべてではそれは七四％である。しかしながら、「免状を持たない者」を、大部分の包含された者たちの向かいにいる少数の排除されたものである、とみなさないよう気をつけなければならない。まず、仮に免状がしだいに必要なものになっているとすれば、しだいにそれだけでは十分ではなくなっているのである。つまり、失業や不安定な契約は免状を持っていない者だけに関わることではない。それに、これらの人々の中でも雇用を前にした不平等は存在しており、大部分が安定した雇用を手に入れるに至る一方、普通職業適応教育科（SEGPA）〔前期中等教育段階唯一の職業課程〕出身者のような一定数の者は持続的排除の状況にある［R. Bouhia *et al.*, 2011］。

職業的将来へのこのような免状の影響は、どの水準の教育課程でも見られる。つまり免状の水準が上がるにつれて、雇用されていない者あるいはパートタイム雇用を強制されている個人は減少し、給与水準は上がる（表7参照）。

しかし、単線上にフランスの免状のモザイクをヒエラルキー化するのも偽りであろう。ある免状の価値は学校的階層にだけ依るものではない［M. Millet et G. Moreau, 2011］し、一義的な物でもない。例えば、普通バカロレアだけを取得していることは、労働市場において職業バカロレアを持っているよりも入職への容易さでは劣るが、職業地位はより良い（表7参照）。他にも、専門によって大きな不均衡が観察される。職業バカロレア水準では、第三次産業分野選択の免状を持

表7　職業参入に与える免状の影響

	人数構成（%）	雇用への素早い到達*	教育制度を出て3年後の状況		
			失業率（%）	パートタイム従事（%）	所得の中央値（ユーロ，手取り月額，全労働時間混合）
免状非所有者	16	32	48	18	1160
CAP［職業適格証］，BEP［職業教育免状］	14	54	32	15	1260
職業または技術バカロレア	19	67	20	12	1300
普通バカロレア	9	59	21	11	1600
BTS, DUT およびその他の bac+2	11	70	15	6	1460
Bac+2/3 保健・社会	4	95	2	5	1700
一般学士（L3）およびその他の bac+3	5	70	14	10	1450
職業学士	4	75	10	2	1600
修士1年およびその他の bac+4	1	70	14	5	1620
修士2年およびその他の bac+5	10	74	12	5	1920
商業大学校	2	71	9	2	2290
理工系大学校	3	81	4	1	2350
博士号（保健含む）	2	85	6	4	2350
合計	*100%*	*62*	*22*	*9*	*1450*

*教育制度を出て3カ月以内に就職

出典 : CÉREQ, 2014

つ者の失業率は、教育システムを出た三年後には、工業系選択の免状を持つ者の失業率（一七％）よりもより高い（二三％）。同様に、芸術、文学、言語の大学のbac+5免状を持つ者は、この水準の教育にしては、法学および経済の免状とは逆に（九・五％）比較的失業率が高い（一八％）。くわえて、免状を発行する機関の種類も、歩みを分ける。つまり、商業大学校の免状を持つ者、それよりさらには理工系大学校の免状を持つ者の失業率は非常に低く、大学の免状を持つ者も地位や所得、安定性の面でより良い雇用を得ている。

最後に、免状は、労働市場への入職およびその後の職業キャリアについて説明する唯一の決定要因ではないということに立ち戻ろう。社会関係の社会学は長い間、雇用の獲得において人との関係と資本が役割を果たしていることを示してきた［M. Granovetter, 1973; M. Forsé, 2001］。それに、ある一定の免状を持っている時、移民出身の若者、特にマグレブ［M. Safi, 2013］、サヘル地方、トルコ［C. Beauchemin *et al.*, 2016］出身者、そして女性［L. Chaintreuil et D. Épiphane, 2013］は雇用にあたり差別的態度を受けるという。

つまり就学が一般化したことで学校的不平等を消滅させることにはなっていない。むしろその反対で、不平等は新しい形になり、変容し、延長し、複雑化している。ここからはこれらの不平等はどのようにして生まれるのか理解しなければならない。

第三章 学校における成功の不平等と進路選択の不平等

学校研究の社会学者は、学歴における社会的不平等〔があるという実態〕を描くだけにとどまらず、それを説明しようとしている。この問いは一九六〇年代以来、多くの研究の中心に置かれ、成績が同じ場合において一つには学業の成功に不平等があること、そしてもう一方で進路指導の不平等があることを区別している。

成功の不平等

なぜ庶民階級出身の子どもは中流階級や上流階級の子どもよりも学校の成績が劣るのだろうか？　なぜバカロレア〔中等教育修了〕まで女子は男子よりも成績が良いのだろうか？　なぜ格差は学年が上がるごとに増大するのだろうか？　半世紀来、これらの問いについて続々と出される研究成果は多くの答えを出してきた。ここでは、すべてとはいかないが、現在のところもっとも際立っている分析を紹介する。

家族の性向と学校の性向

一九六〇年代、一九七〇年代を通し、社会階級の問題は学校における不平等に関する多くの分析の中心に置かれていたが、そこでは家族は「空白という誤植」［J.-P. Terrail, 1997］という形で扱いが限定されていた。家族の役割がそれ自体として分析され始めたのは一九九〇年代からに過ぎない。B・ライールの著作『家族の図表（*Tableaux de familles*）』［B. Lahire, 1995］はこの点で始祖であると言える。この本で彼は庶民階級出身の小学校三年生の生徒について描写を行った。彼は「家族の特徴（configurations familiales）」と名付けたものをもとに、ある同一の社会階級の行動様式の均質性について問うことで、より精緻なレベルの分析をして見せた。「家族の特徴」とは、以下の様々な側面から定義されるものである。書き物文化の使用（買い物リスト、カレンダーなど生活に即した書き物も含む）、（直接的あるいはそうではない強制に基づく）家族の権威が実践される形式、あるいは教育的投資の様態など。ライールによれば、子どもの学校における成功あるいは失敗は、家族の特徴と学校の特徴の、調和あるいは不調和の度合いが多少なりとも高いことにより説明される。例えば、学校は自律と自制（前述参照）を高く評価するため、この種の権威により機能しているような家庭で育った子どもは学校の枠組みに適応しやすい。

M・ミエとD・タン［M. Millet et D. Thin, 2005］も、多数の断絶を捉えようとする研究を通し、家族の性向と学校の性向の関係を調べている。その断絶とは、学校での学習、就学のエージェント〔行為主体〕、学校の規則や規範との断絶であり、これらは脱学校（déscolarisation）へ導きうるものである。学校的断絶の道のりの中では家族的側面は学校的側面および若者特有の側面と結びつくため、唯一の説明要素となることはないということを強調しつつ、ミエとタンは「認知的資本」と呼ばれるものが家庭内で伝達されることを分析した。「認知的資本」とは、すなわち文化的実践であり、学校的知識および、正当的かつ学校で有益な言語習慣を身に着けることである。「学校的断絶」にある生徒の家族は、切迫し、予期せぬことや（職業や住居、家族など）様々な不安定が詰め込まれた時間性の中に置かれているが、このことが、学校が要求する時間との関係から生徒の家族を遠ざけ、実践の緊急性をとりあえず脇によけてしまう。一般的に、庶民階級の生徒は学校でほとんど有益ではない「行動癖」があると特徴付けることができる、とミエとタンは示している。例えば、ある練習問題をやる時に庶民階級の生徒は、指示文を読み、形にし、教科書に戻るということに時間をかけない。つまり彼らは、解答や彼らに課せられた様々な作業の履行からは遠いように思われるものは、しばしば無視する。

家族が学級における社会化の一つの重要なベクトルなのだとすれば、なぜなら家族はまた、社会化を行うその他のエージェント、つまり地域（quartier）（第四章参照）や仲間〔社会的に同類〕に任された部分を条件づけるからである。実際J-C・シャンボルドン［J.-C. Chamboredon, 1971］によれば、社会階層が上がるほど、両親は自分たちの子どもの人生に対するこれらのエージェントの影響を管理するという。庶民階級の子どもは初等教育の時点ですでに出来が劣り、そして年齢が上がり、学業困難がいっそう強まると、再び仲間組織（groupe des pairs）の中に身を置き、学校資本（capital scolaire）の欠如の埋め合わせとして「関係資本」に力を注ぐ傾向がある［M. Millet et D. Thin, 2005］。これら二つの要素が結びつき説明することは、庶民階級の子どもは他の階級の子どもよりもいっそう、反学校的態度を取りやすいということである［P. Willis, 1977; U. Palheta, 2012］。

家族は、学級における社会化のベクトルであるだけでなく、ジェンダー的性向や役割を若年のうちから伝達する。両親と乳幼児間での相互作用は性別によって区別されているのである。女子は社会的（言語的）な面を、男子は運動面を活発化される［M. Duru-Bellat, 1990］。同様に、男子に提案される遊びはどちらかと言うと「できるだけ広いところで最小限の決まりで」なされるが、女子の方はというと、無駄のないスペースの中での遊びであり、「たくさんの決まりがある（そして、決まりに則った遊びである）」［C. Baudelot et R. Establet, 1992, éd. 2006: 173］。これによって女子は文法と綴りがよくできるようになる。これらは決まり（と例外）の習得が根本であるからである。一般にジェンダー的社会化は女子が最大限成功するのに効く。なぜなら女子はより「従順で」静かでいることを奨励されるからであり、そしてこれらの性向は学校という枠の中で再び投資されるからである。

学級におけるこれらの性向およびジェンダーは個人の「有力な武器」あるいは「障害」と捉え

られることはないが、これらは学校という枠の中で異なる役立ち方をする。P・ブルデューとJ－C・パスロン［P. Bourdieu et J.-C. Passeron, 1964; 1970］および文化的恣意性の概念を踏まえれば、前述の研究が提案していることは、一方では家族による社会化の条件を、もう一方では学校における知識、やり方、評価される方法を、それぞれ考察することなのである。すなわちこれらの研究は次のことを示している。「学校様式（第一章参照）」が、規則正しく、自律的で、熟考された社会的性向の評価を結果として伴うこと、そしてこれらの社会的性向は中流・上流階級（と女子）の社会化の様式と近いために、これらの者たちにアドバンテージを創り出していること。つまり家族は［子どもの］就学適応化を不平等に行う、すなわち、家族がその子どもたちに伝達する社会的性向が学校で役立つかどうかには違いがある［D. Thin, 1998: 35-37も参照］。

これらの研究を「社会文化的障害」のようなアプローチ、つまり、庶民階級の子どもの学業困難はその子たちの家族の教育の欠如により説明されるというものと混同すべきではない。J－Y・ロシェックス［J.-Y. Rochex, 2000］は、このような通説は次の三つの理由から批判されるべきだと言う。（1）この通説はあたかも学校における不平等が学校制度の外でしか産みだされていないかのようであり、制度とエージェンシーから全責任（とその行動の可能性）を免除している。（2）この通説は庶民階級の均質性を不当に一般化し、またそれを前提としている。（3）この通説は「欠如」による説明であり、存在しているものによる説明ではない。

就学の条件

学校における不平等について考察するためのもう一つの説明の筋がある。それは学校と学級に関連する就学条件の影響そのものに注目したものである。アングロ・サクソン圏の研究［J.-S. Coleman, 1966; S. Caldas et C. Bankston, 1997］に着想を得て、フランスにおける研究は特に中学校に集中しており、研究手法としては量的方法がほとんどである。

より正確に言うと、それは一九八〇年初頭、すなわち中学校がその自立性を発展させようとしていた頃（第四章参照）、フランスでは社会学者たち［M. Duru-Bellat et A. Minga, 1988; A. Grisay, 1990; O. Cousin, 1993］が「学校効果（effet-établissement）」を指摘した。すなわち、ある学校に通う方が、あるもう一つの学校に通うよりも学業の進展やアスピレーションが見られるという効果である。学校の組織形態に注目した研究もあるが［D. Paty, 1981］、特に生徒の社会階層の構成、つまり school mix の概念により意味されるものによって学校は理解された。例えばG・フェルージス［G. Felouzis, 2003］は、他の諸条件が同じ場合、通学している学校の民族的セグリゲーションが大きいほど中学校修了国家免状の成績は悪くなり普通・技術高校一年への進路選択をする率が高くなることを示した。

しかし、学校は切り離された存在ではなくシステムの中で機能しようとするものである。つまり、学校は、施設である以上に地域の競争的空間であり、分析の適切な単位を構成するものである。中学校間の差が減少したりあるいは増大したりしている県を比較し、ブロッコリシとその研究グループ〔S. Broccolichi, C. Ben Ayed et D. Trancart, 2010〕は、次のように結論づけた。学校の生徒の社会的格差が最小の県で生徒はもっとも成功している。反対に、社会的格差が大きいと「スパイラルになったプロセス（負のスパイラル）」をもたらす。つまり、何人かの生徒がより評判の良い学校へ逃げることで、教員の士気が喪失され、教職員が（異動し）不安定になり、最終的に困難が集中する。結局学校間の競争が優秀な地域を作り出すことはほとんどなく、反対に、混乱と下方との差を作ってしまう〔S. Broccolichi, 1995; 2009〕。

それに、学校は一枚岩でできた存在ではない。生徒には様々なグループ-学級に分散している。学校を比較の単位にしている研究が多すぎることからわかるのとは反対に、学級間の差異の方が学校間の差異よりも生徒の進展を条件づけているようである〔A. Mingat, 1994〕。フランスにおける学級効果を扱った希少な研究では、M・デュリュ＝ベラとA・マンガ〔M. Duru-Bellat et A. Mingat, 1997〕による中学校の「同水準の学級」についての研究が一時代を画した。この研究によれば、生徒は一般的に、より高い学業水準の学級にいればいるほどいっそう成績が伸びるという。しかしこの研究がとりわけ明らかにしたことは、この効果が対称的ではないということである。すなわち、水準の低い学級で就学する生徒は水準が落ちてしまい、その落ち幅は水準の高い学級で就学する生徒が伸びる幅よりも大きいということである。これがこの研究の結論づける「同水準の学級」実践の「副作用（悪影響）」である。

つまり、ある決まった学校や学級で就学するということが全ての生徒に同じ効果を生むことはないのである。そこでの効果は、生徒の出身階層や学業水準に応じて、就学条件の影響を大きく受けたりあまり受けなかったりする。庶民階級出身の生徒はもっとも脆弱であり、特にそれはなぜなら、家族自身で学校的性向や知識を伝達したり、個別授業〔個別指導塾や家庭教師〕に頼ったりして、家庭が就学条件に支障をきたすようなものを回避できるということが稀だからである［S. Broccolichi, 2009］。したがって、学級の影響や学校の影響は、学業成功における社会的不平等に加担している。なぜならそれは庶民階級出身の生徒は社会的に恵まれない学校や学級に行く場合が多いからであり、しかしまたそれはなぜならこれらの影響によりいっそうその学校や学級は評判を落とすからである［M. Duru-Bellat *et al.*, 2004］。

コラム⑦

不安定（déstabilisation）と方向を見失うこと（désorientation）

　個人の進路において、学校間や学級間の格差だけでなく、異なるレベル（小学校、中学校、高校、高等教育）ごとの要求の種類や機能方法もまた、学校の方向づけにおいて負のインパクトを与えうること、これが不安定と方向を見失うことという二つの補完し合う概念が説明することである。

　方向を見失うことという概念はM・ミエとD・タン［M. Millet et D. Thin, 2005］により示された概念で、中学入学時に生徒、中でも特に庶民階級出身の生徒が知ることになる物的、時間的、そして象徴的な基準の本質的な変化を描いている。彼らは中学校に入った途端、時間割を読んだり、教室や教員を変えたりする〔フランスでは教科の担当教員がいる教室に生徒の方が授業ごとに移動する〕ことを学ばなければならない。生徒の中には家庭内で獲得している社会的性向を頼りにし、また「プログラム化された書き物」［J. Goody, 1977］（時間割、日程表、連絡帳、メモなど）を使いこなすことでそこに到達することができる者もいる。しかし教室間で迷い、教室に正しい物を持ってくるのに苦労する生徒もいるのだ。この概念は、第四級になった時、高校入学時、大学初年次を形容するためにも広げることができる［S. Beaud, 2002］し、またさらにグランゼコール準備級への入学にも［M. Darmon, 2013］、つまり、学校的要求が必ずしも明示的ではなく、変化する全ての段階に広げることができる。

不安定という概念はブロッコリシ［S. Broccolochi, 1993; 2009］の研究に拠るものである。これは、転校や、同じ学校内でも違う学級に変わった時などに、変わる前と後の学校、あるいは学級の「水準」が違う場合に起こりうることなのであるが、学級内での相対的な位置が急激に変わり、それにより学業的、社会的、象徴的にもたらされる影響について説明するものである。〔ブロッコリシの研究における〕三人の高校生のケースでは、ZEP（優先教育地域）の中学の優良生徒として、成績が良く、教員からの励ましのコメントをもらい、そして特に教員たちとの間に優遇されたインタラクションがある、そのような生徒たちが、進学できたエリート高校で、評価が落ち、悪い生徒として格を下げられる。このケースはこの不安定をよく描写している[S. Broccolichi, 1993]。学校――そしてその中の学級――の社会的に、また学業水準が異なるようなセグリゲーション化したシステムの中では不安定は多くの生徒に関係し得るものである。

教員の影響はあるか?

学級の影響は生徒の社会的性質に単純化するものではなく、同様に教員やその教育実践にも差し向けられるものである。一九五〇年代に既に北米の研究は「教員の影響」の存在を調べていた。すなわち、生徒の成績という事実は教員の性質しだいでありうるということである[P. Bressoux, 1994]。そのような影響の存在を統計的に理解しようとしたフランスで最初の研究は一九八〇年代半ばに行われた[A. Mingat, 1987]。最近の総括によれば[P.-Y. Cusset, 2011]、教員の影響の存在は統計的に有意であり、他の諸条件が同じ場合、生徒の伸びは教員に依るものであるという。しかし、その「効果」は、教員の学歴や経験年数などといった客観的要素から予測することはできない。

教員-生徒間におけるインタラクション様式の中で違いは部分的に決定される。例えば、教員の期待は生徒の伸びに影響をもたらす。これがR・ローゼンタールとL・ヤコブソン[R. Rosenthal et L. Jacobson, 1968]が「ピグマリオン効果」と名付けたものである。ある彫刻のことを女性だと思い込み女性に変えた、というギリシャ神話におけるこの彫刻のように、教員がある生徒のことを出来る生徒だと思い込めば、その生徒は、本人自身の本来のレベルは関係なく良い生徒へと「変わる」チャンスがより多く得られることができるだろうというのである。

教員の影響は、教育実践からも及ぶ。C・ジョワニョー［C. Joigneaux, 2009］によれば、保育学校の時点で、子どもの自律の度合いによって教員の「違いを生じさせる実践」は展開されているという。M・アルテとその共同研究者［M. Altet, P. Bressoux, M. Bru et C. Leconte-Lambert, 1999］は、日々規律にかける時間は、CE2〔小学校第三学年〕の教員でかなりばらつきがあり、それが生徒の伸びに直接的な影響を生み出していることを示した。また、J・ドゥヴィオー［J. Deauvieau, 2009］は、経済・社会系の教員の間でも社会的な議論をコントロールする度合いや生徒の発言を学校的知識に結びつける能力には大きなばらつきがあることを観察している。

教育実践はB・バーンスティン［B. Bernstein, 1975］により提案された分析枠組みを通してより広く研究された。この枠組みは学級におけるアクティビティのバリエーションと、それが実践される方式という二つの原理を区別している。二つの原理とはすなわち、分類（classification）（明瞭さの度合いがある）、枠組み（cadrage）（強弱がある）である（表8参照）。

バーンスティンによればそこで二つの教育モデルが生まれるという。一つは、明瞭な分類と強力な枠組みにより規定される「目に見える教授法」である。それは例えば、スペイン語の教員にとっては動詞の未来形の活用の練習を実施することであり、それはある一定時間内に行われなければならないものであるし、生徒たちは次に評価されることを知っている。もう一つは、「見え

表8　バーンスティンによる分類と枠組

概念	定義	バリエーション
分類（Classification）	コンテクスト、アクティビティ、知識、地位の間の境界が維持されている度合い。	境界が明瞭でない場合、知識の焦点ははっきりとせず、生徒にとってより識別が難しい可能性がある。
枠組み（Cadrage）	正当な方法による教員と生徒間でのコミュニケーションにおける様々な側面に向けられたコントロール。	教育的発話は「インストラクター」（コンテクスト、教授内容、順番、学習のリズムなどのコントロール）[強い枠組み]であるか、あるいは「調整者」（移動や期待される態度に関して）である［弱い枠組み］。

ない教授法」であり、それは緩い分類と弱い枠組みによるものである。スペイン語の例で続ければ、生徒にこれから到来する季節の写真についてコメントをさせることで、生徒にはそうとは言わずして未来形の活用形を学ばせる、そのような教育だろう。

「新しい生徒」（第五章参照）に合わせるために、そして生徒の注意を喚起するために、また、学校が外部に対し、より大きく開くことを配慮しながら、フランスの教育実践は見えない教授法の方へと修正されてきた［S. Bonnéry, 2007; F. Baluteau, 2014］。ところがこのことは、学校文化からもっとも遠い生徒や両親（第六章参照）には学校で行うこと、学ぶことについて誤解を生み出しかねないのである。

学校との関係と社会認知的誤解

「社会認知的誤解」とは、ＥＳＣＯＬ（学校と就学）研究グループによる研究の中で中心にある概念であり、庶民階級出身の生徒に起こることを示している。「庶民階級の生徒たちは、しばしば教員による指示の目に見える側面に集中する。例えば練習問題を終える、答えにたどり着く、良い成績を取る……といったことであるが、彼らは、これらの作業が知識を理解したり、あるいは強化するための教育上の方法でしかないということには気づいていない。このことは明言されることは稀だからである」〔S. Bonnéry, 2008: 111〕。前節での例に戻って言えば、誤解をしている生徒とは、言語の授業を普段の会話と混同したり、教育目標、すなわち、スペイン語の未来形の活用を学ぶということを理解していなかったりする、そのような生徒だろう。

この概念は、より広く、学校と知識との関係の分析の中に組み込まれる。そのために、É・ボーティエとJ－Y・ロシェックス〔É. Bautier et J.-Y. Rochex, 1997〕は三つの基準により「生徒のメチエ（métier d'élève）」と「学習者の作業」とを区別している（表9参照）。前者のケースでは生徒は誤解をしていて、学校の要求に従うことに満足し、知識を自分のものにすることはほとんどしていない。後者のケースでは、生徒の知識との関係性は学校により期待されているものと一致しており、つまりその生徒はより良い学習条件にいる。

CM2〔小学校第五学年〕と第六級〔中学校第一学年〕の学級観察をした調査でS・ボネリー〔S. Bonnéry, 2007〕はこの分析軸を精密にしている。彼は、しばしば目標を明示することなく作業が行われたり、単に知識が提示されたりすることによって、教育的方策がいかにして誤解を生み出しているかということを示した。指示に従うことが重要だと思うあまり、生徒は生徒のメチエの外部にある動作を身につけるだけになってしまう。例えば「何もしないでいることはなく、計算し

表9　生徒のメチエ（métier d'élève）か学習者の作業か？

分類	生徒のメチエ	学習者の作業
就学との関係	生き残りのロジック：学校を「クラスからクラスへと“通過”し、“できるだけ遠くへ”行けば結果的に“良い職”につける障害物競争のようなもの」として見ている［É. Bautier et J.-Y. Rochex, 1997: 110］。	学習のロジック：生徒という、彼らの現在のここと今の中で、学習のアクティビティや内容に価値や意味を与えている。
知識や言語との関係	前進のロジック：日常生活の状況、理解された学校的状況（例えば、良い点数を取るためにこれを学ぶなど）に対して自分たちがすることができることに関する知識に価値をおいている。	学習のロジック：指示を超えて、対象と使用域とを識別する。教員や作業が求めること以上にそれができる。
課題や学校でのアクティビティとの関係	服従の態度：「学校の要求だけで済む（中略）」としばしば考えているが「そうであることは稀でしかない」［É. Bautier et J.-Y. Rochex, 1997: 113］。	適応の態度：「日常的な経験における自分と区別し、学習者としての主体を構築する態度」を持っている［É. Bautier et J.-Y. Rochex, 1997: 114］。

出典：É. Bautier et J.-Y. Rochex［1997］；S. Bonnéry［2007］.

て、答えを書いて、『㎠』を書き足す、それから次の問題へ移る」［2007, p.40］というように。そして彼らは試験で要求されることが変わっていると（例えば単位が㎡になっているだとか）問題がわからないと言い、それを不当なこととして体験するかもしれないのである。脆弱な生徒に対して取る働きかけは誤解を生む可能性がある。例えば、〔学業〕困難にある生徒に対して、教員は知識目標を細かく切り離し、学習をより易しくしようとすることができる。このことにより教員は、知的作業を犠牲にして生徒を様々な作業（生徒のメチエ）の遂行に焦点を合わせるよう促している。

学校における成功の不平等を理解するためにここで展開した四つの説明群は、互いに関係し合ってシステムを作っている。しかし、この学校における成功の不平等の原因についての社会学的研究がこれで尽きたというわけでもなく、また学歴の社会的不平等を理解すれば学校成功の不平等の分析は十分であるということでもない。実際、学歴が社会階級で異なるとすれば、それは、生徒たちは学校制度の中で皆が同じように進路選択をするわけではないからである。

進路選択の不平等

学歴とは、習得の連続であると同様に決断の連続でもある、とデュリュ＝ベラは書いている[M. Duru-Bellat, 2004]。実際、現在の学校システムを進んでいく中には進路選択のいくつもの分岐点がある。すなわち、第三級終了時、高校の普通・技術課程第二級終了時、職業課程内で（そこでは生徒は専門とディプロムの種類の選択、すなわち職業バカロレア取得に進むかＣＡＰ（職業適格証）を取得するかの選択と、同様に学生か見習い訓練生になるかというステイタスの選択もしなければならない）、バカロレア試験の後、そして高等教育で、と。一九八九年の教育基本法で、生徒は原則として、個人の選択に沿って構築されるこの進路選択プロセスの「中心」に置かれた。また、このプロセスにおいては自律性が規範として提示されている[S. Chauvel, 2014]。

では、これらの選択はどのようにして作られるのだろうか？　もし学業水準が明らかに作用しているのだとしたら（最もよくできる生徒が高校の普通・技術課程、理系やグランゼコール準備級にもっとも進学することが多いなど）、生徒の分散を説明するには学業成績はおよそ十分なものとは言えない。実際にはどの段階に関しても、同じ成績の場合の進路選択には大きな違いがある。一般に、社会的に最も恵まれた生徒および男子生徒、そして移民の子どもは、成績が同じ場合、大多数が最も威信のあるコースを選択する。出身社会階級や移民歴という事実はどの段階でも影響しているようだが、特に生徒の性別によって中等教育終了時、職業課程内、そして高等教育で違いが出る。

　このような進路選択の不平等は社会的に差異化された「志」によるものだとする研究もある。「志」は生徒やその家族により生み出され、庶民階級［M. Ichou et L.-A. Vallet, 2013］あるいは女子［M. Duru-Bellat, 2004］の抱くほんのわずかな野心、慎重さ、あるいは自己選抜によって、あるいは逆に移民の子どもの大きな野心［Y. Brinbaum et A. Kieffer, 2005］（コラム⑧参照）によって説明される。

コラム⑧

移民（の子ども）の「事前の逃げ」

移民（の子ども）は出身社会階級が同等の場合、他の生徒よりも普通・技術バカロレアを取得する者が多い。この理由は何よりもまず彼らが、同程度の学力の場合、他の生徒よりも普通・技術課程を選択する者が多いのと、学校がネガティブな判定を下し、その選択を断念させようとしようとも、親が強く希望を持ち続けているからである。労働条件の変容を研究したS・ボーとM・ピアルー［S. Beaud et M. Pialoux, 1999］は、移民労働者には「事前の逃げ」があることを観察した。彼らは長期的学業の現実を知らないし、子どもに「認知的資本」（前出）や子どもの成功に必要な学校文化を伝達することもないが、普通バカロレア（あるいは――最悪でも――技術バカロレア）を取得し「より先まで」就学すること以外を自分たちの子どもに思い描かない。彼らは労働条件の悪化を実際に知っているために、子どもの救済を学校教育に見いだそうとする。しかし、彼らの希望というのは、非常に一般的で抽象的（医者や弁護士になる、大学に行くなど）である［M. Ichou et M. Oberti, 2014］。確かに彼らの子どもたちの軌跡には、このような強いアスピレーションという特徴があるが、しかし、一方で野心、他方で山積し、それにより断念を強いられる学業困難という二つの間で多くの矛盾を抱えている。断念とはつまり、移民の子どもに一番よくあるのが技術バカロレアという選択であるということである［Y. Brinbaum et A. Kieffer, 2005］。

政治的領域における反響を及ぼし、特定のカテゴリーの生徒に学業への野心を増加させようとするイニシアチブに承認されたといっても、このような見方は二重に批判されるものである。一つ目の問題点は〔進路選択における〕検閲や排除の源を生徒自身のみに帰していることである。

生徒はあえてそうしないのだろう、するのが怖いのだろう……などというように。しかし、もし女子や庶民階級の生徒への検閲があるとすれば、それは就学期間を通して段階的に実施される共同構築のプロセスの結果であり、そこには両親［M. Gouyon et S. Guérin, 2006］や、提供される教育による強制［N. Mosconi, 1994; P. Masson, 1999］も教育制度のエージェント［J.Costes *et al.*, 2008］同様参加している。これらの生徒は、しばしば自己検閲をしているが、それはなぜなら彼らは検閲されているからである。例えば、女子が理系専攻を目指していない場合、成績に鑑みてそれは可能であるとしても、彼女らに理系専攻を目指すようにというアドバイスが行われることは稀である［M. Duru-Bellat, 1990］。同様に、庶民階級の中でも最も恵まれない、疎外された生徒たちは成績が同レベルの他の生徒たちに比べて普通・技術高校を希望することが少ないだけでなく、彼らはしばしば自分は断られるだろうと考えている［J. Cayouette-Remblière, 2016］。言い換えれば、自己検閲は説明にはなっておらず、それは説明されるべきなのである。例えば、何が女子を過小評価し、男子より理系のポテンシャルが低いように描き、そのことによって、ある特定の専攻へと彼女らを向かわせているのだろうか？　なぜ庶民階級の子どもは、他の子どもよりも普通・技術高校で成功する「素質」が劣るというように自らをみなしたり、そのようにみなされたりするのだろうか？

　野心によるこの説明における二つ目の問題点は、進路選択の時点にしか注目しておらず、その後の就学を無視している点である。しかし、その後の就学は説明要因を構成することができる。

これを説明するのが第三級において庶民階級の子どもが、より選抜的な進路選択をしている事例である。S・ブロッコリシとR・サントン〔S. Broccolichi et R. Sinthon, 2011〕によれば、普通・技術高校における学業失敗のリスクは、中学校の成績が同じ場合、庶民階級の子どもにとっての方が非常に大きい。そして生徒とその教員はこれらの〔学業〕の失敗のリスクはより重要であることを第三級の進路選択の時点で予想している。フィールド調査が明らかにしたところによると、生徒たちは進路選択の志望書を作成する際、その後の学業失敗のリスクを予想してはいるが、それは一般的な統計（そこに以前進学した、彼らのような第三級での成績が一〇だった人〔フランスは二〇点満点であり一〇点はギリギリの及第点である〕がその後どうなったか？）を参考にしているのではなく、彼らの「社会的に適切な環境」に鑑みてのことだという〔U. Palheta, 2012〕（彼らと成績が似通っている普通・技術高校に進学した友達、いとこ、隣人たちがどうなったか？）。このことはつまり、彼らは学業失敗のリスクが庶民階級においてはより大きいということを――少なくともリスクの一部を――理解しているということになる。また同時に、教員は、学業失敗のリスクが平等ではないことを予測して、前述の進路指導の「志望」に影響を与えている。つまり、教員は生徒を導く際、生徒の成績に拠るのみならず、他の社会的に位置付けられる要素（「勉強に対する態度」、予測される能力、家族の支援を受けられる可能性……）にも拠って進路を選択するよう促している〔J. Cayouette-Remblière, 2016〕。この観点に従えば、庶民階級の子どもにおける、より選抜的な進路選択は、彼らのその後の学業失敗のリスクにより説明されるが、「慎重」と予測される行動から説明されるものではない。これが学校成功の不平等と進路選択の不平等の間にある理論的切断を引き起こしている（コラム⑨参照）。失敗の予測によるこの説明は、しかし第二級終了時や職業課程そして高等教育における女子と男子の差異化された進路選択を説明することはできない。

コラム⑨

一次効果、二次効果？

R・ブードン［R. Boudon, 1973］（原書では1974とあるが、誤記を著者に確認し訳者が修正した）は、成績に関連したものと進路選択に関連したものという、学歴における社会的不平等の二種の原因の区別を理論化すべきだとし、「一次」と「二次」効果という概念によりこれを描いた。一次効果とは、ブードンによれば、生徒の出身社会階層とある一時点における学業達成の水準の間に相関があることであるという。二次効果とは、ある一つの成績レベルでも、選択や決断の不平等があり、それが出身社会階層に関わっていることである。この区別は今日でも使われており、特にM・イシューとL-A・ヴァレ［M. Ichou et L.-A. Vallet, 2013］は、一九九五年のパネル調査から観察されることとして、一九六〇年代以降その重みは減少したとはいえ、二次効果はいまだに中等教育における上流階級と庶民階級間の全不平等の半分を説明するものであると述べている。

しかしこの区別は、現実にはより複雑であ

る。就学の各段階において、庶民階級の子どもは二つの結果を甘受しているようである。（1）彼らは他の生徒よりも、より学業失敗をしている。（2）同じ成績の場合、彼らは普通バカロレアに向けた教育課程を選択することが他の生徒よりも少ない。であるならば、庶民階級の子どもで普通バカロレアに到達する生徒は過度に選抜されており、他の生徒よりも学業試験で、より成功するはずである。しかし実際にはそうではなく、庶民階級の生徒は常にこの試験で、より多くが失敗している。二つの効果という理論が前提としたことに反し［R. Boudon, 1973: 134］、この驚くべき結果は、学業成功の水準がすべての生徒において一度に固定されるものではなく、庶民階級の子どもは、後に他の生徒よりもより多く失敗する機会に面しているという事実に拠っている。

出身社会階級によって普通・技術高校で失敗するリスクが不平等であることを生徒たちが知っているという事実は、同じ成績の場合、普通・技術高校を選択することが少ないという庶民階級における進路選択を説明する［S. Broccolichi et R. Sinthon, 2011］。別の言い方をすれば、二次効果のように見えること（同じ成績水準の場合の進路選択の不平等）は一次効果（普通・技術高校における学業失敗の不平等なリスク）の予測された産物の一部である。

これらの結論がもたらす影響は重大である。つまり、もし進路選択の不平等までもが学業成功の不平等により説明されるのなら、学校制度が社会的により不公正でなくなるようにするためには、何よりも学業成功の不平等にこそ働きかけなければならない――庶民階級の「野心」が少ないとか、「慎重」であるといった推測に働きかけるのではなく。

他にも差異化された進路選択を説明する要素をあげることができる。まず、U・パレタ［U. Palheta, 2012］は、職業課程において、それが伝統的に女性に割り当てられている職業から逸れている場合に女子が遭遇する統合の難しさをあげている。N・モスコーニ［N. Mosconi, 1987］の総括を繰り返せば、職業課程は女子にほとんど空き枠がない（そして枠はあらかじめ限定されている）。ここでは、普通・技術高校におけるように、女子生徒がより「文系」に多く「技術系」には少ないという現象は、効果的な進路選択であると読むことができる。それはなぜならその現象はジェンダー的「志向」が形となったものであるか、あるいは女子生徒は「規則破り」になるかもしれないという社会的、学校的、そして職業的困難を予測しているからである［N. Mosconi, 1987］。一般的に、男女間の差異化された進路選択プロセスを分析するには、知識と職業への性差的マーキングを考慮に入れなくてはならない［N. Mosconi, 1994］。もしある専攻がどちらかというと男性的、あるいは女性的、というように考えられているとすれば、それはその専攻にいるのが男性だから、あるいは女性だから、というだけではなく、その専攻が、女性的属性（ケア、優しさ、コミュニケーションなど）、あるいは男性的属性（力、技術、抽象［概念］の把握）だと我々の社会で考えられている身体的あるいは精神的適性により、対応しているものだからである［F. Vouillot, 2007］。

次に、学校選択は、選択肢、つまり教育課程のある場所、そこの生徒、学校の要求水準といった特色から独立的に考えられることはできないということがある。ディジョン大学区の一七の中学校における一九八二年－一九八三年度に第五級に就学していた生徒の軌跡についての追跡調査をもとに、M・デュリュ＝ベラとA・マンガ［M. Duru-Bellat et A. Mingat, 1993］は、第四級への進級率が、職業課程での学業を行うために大移動を前提とする場合（二〇km以上）に増大することを示した。最後に、学校選択は家庭と一緒に行うだけではなく同時に、生徒の年齢が上がるに応じて仲間とも共同で行われ、このやり方は庶民階級において特に顕著であるということが言える。例えばS・オランジュ［S. Orange, 2013］はこう述べている。恵まれた階級の生徒たちがバカロレア取得後の進路選択について調べるためにオープンキャンパスに自分の両親と訪れる（より個人的で家庭の中における方式）一方で、庶民階級の生徒たちは専攻や教育機関について友達同士で解読する（集団的で、仲間の方に向いた方式）。したがって進路選択はR・ホガート［R. Hoggart, 1957, éd. 1970: 125］が「仲間付き合いの強制」と呼んだものについて考慮に入れなければならない。

このようにして、就学が長くなり、学校が一般化したにもかかわらず、学歴はいまだに社会的に差異化されたままである。つまり、成功は不平等であり、進路選択は社会的に位置付けられたままであるということである。数々の公共政策がこれらの不平等を減少させることをその目標として掲げてきたにもかかわらず、こうして学校不平等の社会的性質は長く続いている。

第四章―― 学校政策とその効果

若者世代の教育、就学、順位付けを行う機関として、学校制度もまた、そこに適用される政策のために研究されてきた。学校に関する政策は、社会学では一九八〇年代初頭まで［A. Van Zanten, 2011］、政治学においては二〇〇〇年代まで［F. Sawicki, 2012］ほとんど考察が行われてこなかった。このように比較的無関心であったことは、国民教育省が「動かない」機関であり、彼らが「改革を行う」ことは不可能であり、変化には「抗う」ところである、というイメージが固定されていたからであるといえる［P. Clément, 2013: 549］。しかし、統一中学校（collège unique）の設置を行い義務教育の延長に貢献する改革や、一世代あたり八〇％のバカロレア取得を目指した改革なども行われ、連続した学校政策により学校制度は効果的に再整備された。

本章の争点は二重になっている。それは、現代の教育政策が生み出される中でのフランス国家の役割と位置づけを問うことと同時に、いくつかの象徴的な政策の、概念とその受容、そして実施について分析を行うことである。

学校政策の現代的ダイナミクス：国家の位置づけとは？

フランスの教育制度は、一九世紀末より構築された時にそうであったまま、非常に強力に中央集権的であり、就学の拡大は国家や公共機関による大きな影響のもとにもたらされたものである［J.-M. Chapoulie, 2010］。しかしながら、国家の歴史的役割については過大評価してはならない。地方共同体やアクターたちも同様に、いくつもの教育課程、とりわけ技術教育と職業教育の発展には参加したからである（第一章参照）。フランスの学校制度の中央集権化は第五共和政の初頭までにその絶頂を極めたが、国家の役割は一九八〇年代以降、グローバリゼーションと領土化（territorialisation）という二つの動きの影響下で変化した。

領土化とグローバリゼーション間での政策：領土化

中央化された権力を地方決定機関へと移行すること、別の言い方をすると教育政策の領土化［B. Charlot, 1994］は、歴史家C・ルリエーブルによれば二つのタイプの手続きを通して行われた。それは「脱集中化」という「ヒエラルキー化された従属関係を維持しつつ中央権力から地方エージェントへ管轄を移行すること」を意味すること、そして「脱中央化」、つまり、「原則として中央国家から独立した決議機関のために、最小限のある一定の自立性を享受しながらの移行」

［C. Lelièvre, 2008: 36］の二つである。

脱集中化の動きはさらにその前から行われている。一九六二年以降、国民教育省は増大する決定権と管理権を委譲した。その結果、〔教育行政単位である〕大学区（Académie）が初等・中等段階の開校や閉校、学級や課程の増加や減少の決定、中央行政より包括的に割り当てられた教員ポストや教育時間の割り振りまでも管理している。しかし脱集中化により強力に中央化された権限を再検討するには至っていない。

脱中央集権化のプロセスは一九八〇年代初頭にこの力学を変化させた。この動きは中等教育レベルで特に顕著である［高等教育についてはM. Grosseti et P. Losego, 2003 参照］。実際一九八〇年代以降、この分野での地方当局におけるオペレーションの幅は広がった。一九八三年には中学校および高校施設の維持と建設の管轄は県（département）と地域圏（région）にそれぞれ移された。しかし地方共同体が教員や教育内容の管理を行うには程遠い。これらはいまだ中央行政の特権であり、大学区長はそれに従う。一九八五年には中学校および高校は地方教育公施設法人（ＥＰＬＥ）となり、予算と管理行政において一定の自立性を委任された。これは規模の変更である。すなわち、一九世紀以来取られていた方策は、国内全土の教育システムの一本化を目指していたが、地域ごとの多様性は許可されていた。各地方教育公施設法人が国と大学区の枠組を尊重しながらも自らの教授・教育的選択を行うことができる、と定める一九八九年学校教育計画（projet d'établissement）が立てられたように、その後講じられた他の方策は、このプロセスを強化するものである〔これら三〇あった大学区は、二〇一六年一月より一八の地域圏に再編された〕。

……そしてグローバリゼーション

フランス国家は権限を地方レベルに委任していると同時に、国際的な規模、とりわけ欧州で決定されることにしだいに束縛されるようになっている。これは高等教育でとりわけ顕著である。一九八六年にエラスムス交流プログラムを置いたことを殊な例外とすれば、教育は長年欧州機関の制度外にとどまっていた[P. Ravinet, 2009]。本格的に欧州圏での動きが推進された始まりは、一九九九年に置かれた「ボローニャ」プロセスと呼ばれるものからである。このプロセスは当初二九カ国の高等教育担当相が一同に会したものであったが、今日では参加国は五〇カ国に達しており、これには欧州外の国もいくつか含まれる。そこではまず学生と将来の免状《ディプローム》〔高等教育課程の修了証書〕取得者がより移動しやすくするために、教育制度の調和が目指された。統一された一つの免状構造はこの観点から置かれたのである。フランスのDeug〔大学一般教育免状：bac+2〕-licence〔学士：bac+3〕-maîtrise〔修士：bac+4〕-DEA/DESS〔研究深化学位／高等専門教育証書：bac+5〕はこうして二〇〇三年よりlicence〔学士：bac+3〕-master〔修士：bac+5〕となった。ボローニャプロセスはまた、欧州高等教育圏における一つの質保証システムを発展させようとし、統一された「グッド・プラクティス」およびパフォーマンス指標を定義した。

このように「質」に置かれたアクセントは二〇〇〇年に強化されたが、それはこの時欧州理事会、すなわちEUメンバーの国家あるいは政府の首脳会議が、「リスボン戦略」を策定したことによる。これは、本策の表現によれば、ヨーロッパを「世界の中で、より競争力のある、よりダイナミックな知識基盤経済」にすることを目指すものであった。この戦略では教育を、経済成長がその上に成り立たなくてはならない鍵となる分野である、とみなし、そのためには欧州機関が教育についてより目立った方法で意見を述べるよう仕向けた。EUは教育と訓練について二〇一〇年までに達成する共通目標を掲げ（「教育と訓練二〇一〇」プログラム）、以下の三つの大きな優先事項を置いた。すなわち、（1）教育と訓練システム（制度）の質と効果を改善すること、（2）これらを誰にでもアクセス可能なものにすること、（3）教育と訓練を外の世界に開くこと、の三つである。これら三つの優先事項は、参加国の活動を方向付け、また、実現された進歩を評価するために、戦略的目標および指標に変化している。例えば、「知識基盤社会のために必要なコンピテンシーを開発する」というような三つの優先事項のうち一つ目に結びついた目標は、それら自体が指標に変化している（例えば「最低でも人口の八五％が中等教育を修了」など）。この協力枠組みは強制的な方法ではなく、「裁量的政策調整（OMC）」の上に成り立っており［R. Dale, 2006］、その争点は共通指標と比較ツールによって各国の政策を同方向へ向かわせることである。

欧州の諸決定機関がリスボン戦略を利用し、このように教育分野へより大きな介入をしていることは、批判社会学の研究により明らかにされてきた［K. Jones, 2008］が、それによれば、介入の大部分は高等教育に集中しているとのことである［C. Charle et C. Soulié, 2008; C. Laval *et al.*,

2011]。S・ガルシア［S. Garcia, 2007］は、特にマネージメントの方法をアカデミックな領域に取り入れようとする指示・ガイドラインについて検討している。これらは教育〔課程やプログラム〕が競争下に置かれることを評価し、労働市場へのアジャストメントのように大学の「質」を経済的基準のみを参照として定義し、その結果経済的関心に役立つような教育を構築することを助けている。

欧州の動きや諸機関だけが、教育に関連する分野における国家の役割を再定義しているのではない。ボローニャ宣言や、そこで発表された改革は、ＯＥＣＤやユネスコといった国際機関からも示唆を得ていた［J.-É. Charlier et S. Croché, 2003］。教育に関して各国に強制するような力は持ち合わせていないものの、こういった機関は報告書の発行やデータの生産を通して、ある一定の機能の仕方を価値づけすることに貢献している。これは高等教育分野にあてはまるが、それだけでなく他の教育段階でもそうである。このやり方でＯＥＣＤの実施するＰＩＳＡ調査（ＯＥＣＤ生徒の学習到達度調査）は学校に関する一つのケースを形成している（コラム⑩参照）。

コラム⑩ ＰＩＳＡ調査

二〇〇〇年より三年ごとにＯＥＣＤによって　組織されるＰＩＳＡ調査（ＯＥＣＤ生徒の学習

到達度調査）は多様な教育制度（二〇一二年には六五）のパフォーマンスを評価・比較することを目的としている。これは、学年にかかわらず一五歳の生徒について、彼らの持つ知識ではなく、獲得したコンピテンシーを測るものである。このコンピテンシーは、読解力や数学・科学的分野の教養で日常生活に必要なものとして定義されている。調査対象となる生徒は記述式あるいは選択肢式の筆記テストを受ける。生徒はまた、自分の家庭環境、自らと学習との関係性についての情報についても答える。また、校長が回答する質問用紙もあり、これは調査対象となった生徒の通う学校の特色および組織についての情報となる［G. Felouzis et S. Charmillon, 2012］。

実際にＰＩＳＡ調査はフランスの教育制度改革を正当化するために、あるいは反対に、改革のある側面を批判するために、頻繁に活用されている。しかしながら、そのインパクトを過剰評価しないことは重要である。Ｎ・モンスとＸ・ポンス［N. Mons et X. Pons, 2013］は、フランスにおけるＰＩＳＡ調査の受容は、国内におけるそれを取り巻く環境と関心に大きく依っていることを示している。すなわち、二〇〇〇〜二〇〇四年の間は、ＰＩＳＡ調査はその実施に直接的に関わる国内のアクターという限定された範囲（大臣官房のメンバー、ＤＥＰＰ〔評価予測成果局〕の統計学者）を超えて議論されることはほとんどなかった。このことは特に政治的状況から説明される。なぜなら二〇〇一年は大統領選が近づいており、左派は、ＰＩＳＡ調査がコアビタシオンの間（一九九七－二〇〇二）〔シラク大統領（共和国連合）とジョスパン首相（社会党）による保革共存政権にあった〕に立てられた教育政策への好意的ではない総括を支えるものになるのではないかと恐れていたのである。結果的にＰＩＳＡに関する政府談話は最小限に抑えられ、メディアもこの非常に専門的なアングロ・サクソンの調査を取り上げようとすることはほとんどなかった。状況が変わったのは二〇〇四年以降である。まず、リスボン戦略がメンバー国へ、一部ＰＩＳＡに基づいた目標および指標に同定するよう仕向けた。次に、二〇〇六年には予算組織法（ＬＯＬＦ）が発効したが、そのコンセプトは教育制度のパフォーマンス改善のために統計データを根拠とすることを想定するものである。同時に、右派の政治幹部は現行の変化を正当化するためにＰＩＳＡを奪取した。このような状況の中で、このＯＥＣＤの調査はしだいにジャーナリストに引用されるようになり、次に研究者に使われるようになった〔C. Baudelot et R. Establet, 2009; F. Dubet *et al.*, 2010〕。これはフランスだけのことではなかった。欧州のいくつもの国々におけるＰＩＳＡの受容について比較したＮ・モンスとＸ・ポンス〔N. Mons et X. Pons, 2013〕は、このＯＥＣＤの調査は一般的に、国の政治当局により、自分たちの活動を正当化するために使われていること、また、この調査の柔軟性が、非常に多様な仕様と適用を可能にしていることを強調した。この調査のメディア的そして政治的成功はまた、しだいに評価と指標の生産に重点が置かれることを伴う、教育制度のガバナンスのより全般的な変化から生じている。

国家のための新しい評価の役割?

欧州のいくつもの国において、学校教育機関評価はその重要性を増していることが認められるが、その一方で同時にさらなる自律性を義務付けている。教育に関する国家の役割が変更された国もある。そこでは、教育機関の機能に関する規定がア・プリオリに定義されるよりも、もはや、目標を決めそれが実現されたかどうかを事後に評価するのが国家の役割である［C. Maroy, 2006］。X・ポンス［X. Pons, 2010］はフランスのケースは多少異なるとしている。彼は、一九五八〜二〇〇八年の間に、実際に評価が徐々に制度化されたことを観察している。それは、一九八七年のDEP〔評価予測局〕（その後DEPP〔評価予測成果局〕となる）の創設、一九八九年からのCE2〔小学校第三学年〕および第六級入学時における生徒の学力評価の実施、あるいはまた二〇〇〇年の学校評価高等審議会の創設によるものである。しかし彼はこうも指摘している。フランスには政治当局の側からの、はっきりと公式な形での教育活動評価の依頼は存在しておらず、また、イギリスやアメリカのような他国とは逆に、「フランスの法律が明示的に評価手続を改善や制裁の活動に結びつけることはめったになく」、評価を受ける側がその結論を取り入れるかどうかを自由にしている［X. Pons, 2010: 53］。一九五八年以降、教育政策の中で評価の占める地位が大きくなっていることはむしろ、政権担当者に政治的に正当な評価の代表を課すための、評価のプロフェッショナル――中央視学官、国民教育省の統計係、会計検査院、OECDのような国際機関――間の競争から説明される〔厳密には一九五八年から行われたのは教室における教員による生徒の学力評価および視学官が行う教員への授業評価（査察）であり、評価が政策に反映され影響を与えるのは一九七五年以降である（Pons, p.113）」。

綿密に見る三つの政策

三つの政策の分析を通し、ここではその展開をつかさどる論理と、またその政策の解釈のされ方、その実際を明らかにする。三つの政策は、それらが繰り返し議論の対象となっていること、また同時に学校社会学者が非常に力を入れてきたことにより選ばれた。

カリキュラムと学校的知識の構築

学校における教授内容は、初等から中等教育に至るまで定期的に社会的議論の争点を成している。実際、これらの変化は「全ての者に伝達するのに適した共通文化、養成したい個人のあり方、そして最終的には学校の役割」についての熟考を基盤にしている［I. Harlé, 2010］。どのように、誰によってこれらの決定は行われるのか？　どのようにして、なぜ、カリキュラムは進化するのか？　そしてそれはどのような方法を適用するのか？　これらの問いは、デュルケム［E. Durkheim, 1938］によりフランスで始められた、学校的知識の構築に関する社会学的分析の中心にある。デュルケムによれば、歴史的なある時点において支配的である教授の型は、その社会特有の状態を映し出しているものであるという。

しかしながら、一九六〇年代に教育社会学がフランスで「再び生まれた」頃、内容についての問いは中心的争点ではなかった。確かに、ある社会における教授の内容は、現存の集団と階級間の力関係の結果であり、支配者の関心を反映していると再生産理論は強調している［P. Bourdieu et J.-C. Passeron, 1970］。しかし、これらの研究は学校的知識の構築方法についてはほとんど詳細を描いていない。数少ない例外として、V・イザンベール＝ジャマティ［V. Isambert-Jamati, 1969］が一九〇二年の高校と中学の改革に関心を寄せている。当時中等教育には「古典的な」教授（ギリシャ語とラテン語）と「現代的」教授（科学と言語を重視）とが共存しており、あまり統合されていなかった。中等教育、高等教育および改革を準備する国会委員会から聞かれる「経済界」の代表者の口頭証言をもとに、イザンベール＝ジャマティは様々な社会集団の教授に対する位置づけの空間を描き、私学では古典的教授が守られていること、そして一方で「経済界」の代表はむしろ現代的教授に価値を置いていることを特に明らかにした。古典的学習の「エリート主義的」地位を維持しつつも、一九〇二年の改革は妥協的なものであった。それはなぜなら、現代的バカロレア取得者《バシュリエ》に医学部を含む全学部への登録を許可していたからである。このようなケーススタディから、イザンベール＝ジャマティはカリキュラムを作るには多様なアクターが関わること、これらのアクターのまちまちな観点は、彼らが抱く学校の社会的機能の概念に密接に関わっていることを示した。

フランスの状況とは反対に、学校的知識に関する社会学的分析は一九六〇年代末のイギリスで非常に発展していた。一九七一年には、マイケル・ヤングの監修による共著『知識と統制(*Knowledge and Control*)』が出された。この本はまぎれもなくカリキュラムの社会学の宣言を成すものであり、教授内容とカリキュラム、その作られ方、目的、受容に興味を誘うものであった。この社会学分野が示すのは、学校で教えられていることは知識の状態を機械的に映し出しているのとはほど遠く、それは社会的に構築されたものであり、絶え間のない生成と制度化のプロセスの産物であり、そこでは「関心の照合、価値観の衝突、権力の争点」が介入している[J.-C. Forquin, 2008: 9]ということである。

一九八〇年以降、何人ものフランス語圏の研究者がイギリスの研究に着想を得て、自らの研究をカリキュラムの社会学の流れに明示的なやり方で組み入れた。例えばL・タンギー[L. Tanguy, 1983]は「将来的な労働者」、すなわち短期職業教育において教えられる知識について問うた。彼女が示したことは、一方で技術的知識に対する個人や社会の知識へ向けられた教科が占める地位が非常に弱いこと、そして他方では、生産の手順に関する知識は断片的な方法で伝えられており、意味のないやり方や方式に縮小されていることである。この「二重の喪失」、すなわち、社会的存在であるためには必要な知識の喪失と、技術的知識の土台の喪失とは、職業教育を、支配された教育にするのに協力しているが、それは、支配された教育を使う社会集団の支配に加担しながら行われている。

ここで以下のことがわかる。内容とカリキュラムという問いの裏では、学校の役割が問われているということである。二〇〇五年に導入された「知識・コンピテンシーの共通基礎（socle commun）」は、カリキュラム改革が学校制度の産み出すものの再定義へと導くことのできる方法をよく説明している。「基礎」は、義務教育終了時に各生徒が知らなくてはならないこと、および「就学を成功にて終え、訓練に就き、個人的・職業的将来を構築し、社会において人生を成功させるために操作できなくてはならない」ことを集合させることを意味している。これは、フランス語の運用あるいは「自律やイニシアチブ」など、七つの大きなコンピテンシーの周りに組み立てられている。「コンピテンシー」という非常に多義的であるターム［F. Ropé et L. Tanguy, 1994］はここでは、学校は学問分野の知識しか伝達していないであろうが、好奇心や自律、あるいは適応性といった、企業界の期待に応えるあり方（savoir-être）や能力（aptitudes）を習得させせなくてはならないのであるという考えを包含しているのである［M. Crahay, 2006］。

コラム⑪

フォーマルカリキュラム、現実のカリキュラム、隠れたカリキュラム

「カリキュラムの社会学」という名でまとめられるイギリスの研究が提示した概念、フォーマルカリキュラム、現実的（あるいは実現された）カリキュラム［J.-C. Forquin, 2008］といっ

たものは、後にフランスの研究者も使っている。フォーマルカリキュラムとは、教えられたとみなされていることを指し、正式なプログラムのことである。現実的（あるいは実現された）カリキュラムとは、実際に伝達されたこと、教員がプログラムを自分のものにする方法を指す。これら二つの概念に「隠れたカリキュラム」[J. Anyon, 1980] を加えることができる。これは、学校の枠組みの中で行われる、予想されていなかった学習、そしてしばしば無意識の学習を指す。例えばM・デュリュ＝ベラ [M. Duru-Bellat, 2004] は、学校において女子と男子が構築する性差的アイデンティティとアスピレーションを表すためにこのタームを使用している。

その一方で、基礎の設定は、学校政策のグローバル化を証明している。なぜなら、C・ラヴァルによれば [C. Laval *et al.*, 2011]、フランスにおけるコンピテンシー論理の導入を理解するためにはOECDやEUのような国際機関の役割を考慮に入れなければならないからである。一九九〇年代の初頭に既にOECDは、教育制度が社会・文化的知識や能力（connaissances et aptitudes socioculturelles）という、学校のカリキュラムには入っていないものの「社会的生活」には必要であるもの、これらを伝達する能力を測るツールを作ることを熟考しており、知識〔学識〕（savoir）は、それが行動をより効果的にするものでなければ価値がないという考えを擁護していたのだった [C. Laval *et al.*, 2011: 219]。国際機関は次に、すべての教育制度に共通でありうる「人生を生き抜くための一式」のキー・コンピテンシーを定義しようと努め、『キー・コンピテンシー：国際標準の学力をめざして（*Key Competencies for a Successful Life and a Well Functioning Society*）』というレポートを二〇〇三年に提出した〔D. S. Rychen, L. H. Salganik, 2003〕。このテキストは、そこで提示しているコンピテンシーを定義するために、明らかに経済界により期待されていることを参照している。

EUはといえば、コンピテンシー論理を普及する政策を推し進めている。二〇〇四年にはリスボン戦略の枠内で、欧州理事会がOECDの作業に着想を得ながら、知識基盤社会に向けた八つのコンピテンシーを定めた。これがフランスにおける七つの大きな共通基礎に直接的な示唆を与えた。しかし、共通基礎の設定を、国際的な要求への直接的答えとしか見ないのは誤りである。P・クレマン〔P. Clément, 2013〕が示すように、この新しい教育的理想は、国内の関心も寄せていたのである。より正確には、カリキュラム改革を行うことが多元的なアクターを巻き込んだこと——中央視学官、視察団体のメンバー、政策のプロフェッショナルから始まり、教育活動家まで、その間には組合員、教科書出版の編集者、経営者など——を思い返しながら、彼は以下のことを強調している。それは、「基礎（socle）」や「コンピテンシー（compétence）」の概念の多義的側面は野心が多様な集団の「同種の語を一つにまとめることができ」た〔P. Clément, 2013: 649〕ということである。民主的学校を支持する者にとって基礎の設定は、古典的学校文化と伝統的教授法という、社会的に差別的な選抜の要素と考えられるものについて問う方法であった。効果的学校を擁護する者にとっては、コンピテンシー論理の導入は、学校施設や教員、生徒が出す結果に、より密接に関連した管理とやり取りにいっそうの自律を与えられているような、より脱中央化した学校制度、これを新しく制御する道具を設置するようなものと考えられた。そして、教授法の保守主義を擁護する者は、基礎について、「水準の低下」と戦い、「基本」（読む、書く、計算する）が学校カリキュラムの中心に置かれたままにするための方法であると考えた。

優先教育政策：分散する方策と対照的な総括

フランスにおける優先教育政策の歴史は単純とはほど遠い。一九八一年以来、改革が次々と、そして時には積み重なるように行われており、その通り名称も何度も変わっている［B. Robert, 2009］。しかしこれらの展開の後ろにあるいくつかの大きな傾向を識別することで、この政策がどのようにして根づき、時と共に展開したかということをよりよく理解することができる。まず、フランスにおける優先教育の特徴として、この三〇年、その効果についての議論とは無関係に、拡大していることがあげられる。最初は社会党政権によりもたらされたこの政策は、次に右派政権により承認されているが、これはこの政策が国内政策のなかで持続的な位置づけを持つ証である。しかし、フランスにおける優先教育政策の展開は、フランスの枠組みを越えて、ヨーロッパで進められているこの種のより全般的な政策の中に位置づけ直すことで明確になる。この展開は三つの「時代（âge）」に分けることができる［J.-Y. Rochex, 2010］。

第一の「時代」はヨーロッパにおける一九七〇年代および一九八〇年代に相当し、この頃、最初の補償的な類の方策が置かれた。これは、いくつもの国において、統一され、メリトクラシー的であることを望む一つの教育制度というものの限界を経験していたことを背景としている。この「時代」はまた、規則と規範は、昔のように全ての者にとって同じものと考えられ、国家はア・プリオリに規定するものであるとされる、そのような時代に相当する［J.-Y. Rochex, 2010: 97］。フランスでは一九八一年に、社会党が政権を取ったことで、「優先教育」と呼ばれる方策の実施が始まった。優先教育地域（ZEP）の創設は、教育制度の中央集権化のプロセスを断ち、学校は地域の特有性に適応せねばならないとほのめかすものだった。この政策は、学校（施設）に焦点を合わせたもので、「必要とする者により多くを与える」という主義に基づき、プロジェクト型学習（une pédagogie de projet）とパートナーシップ論理（une logique de partenariat）の推進を伴っている。政策ではまた、教員および教員以外の職員の加配、中学校および高校への時間割当〔追加授業時間〕、固有予算という補足的な方法が準備された。一九八二年の新学期には、ZEPは全小学生の一〇%、中学生の八%、職業課程の高校生の七・四%、普通・技術課程の高校生の〇・八%に関わるものであった。この方策を取る学校数は一九八〇年代に徐々に増加したが、それは指標という基準にのみ基づいていた。これらの基準は進化しており、相互にヒエラルキー性はなかった［C. Moisan, 2001］。

一九九〇年には、政権に復帰した社会党が優先教育を再び活発にし、特に教職員に手当てを支給することで教育チームを安定させる目標を掲げた。再び推進されたこの政策は、新しい「パー

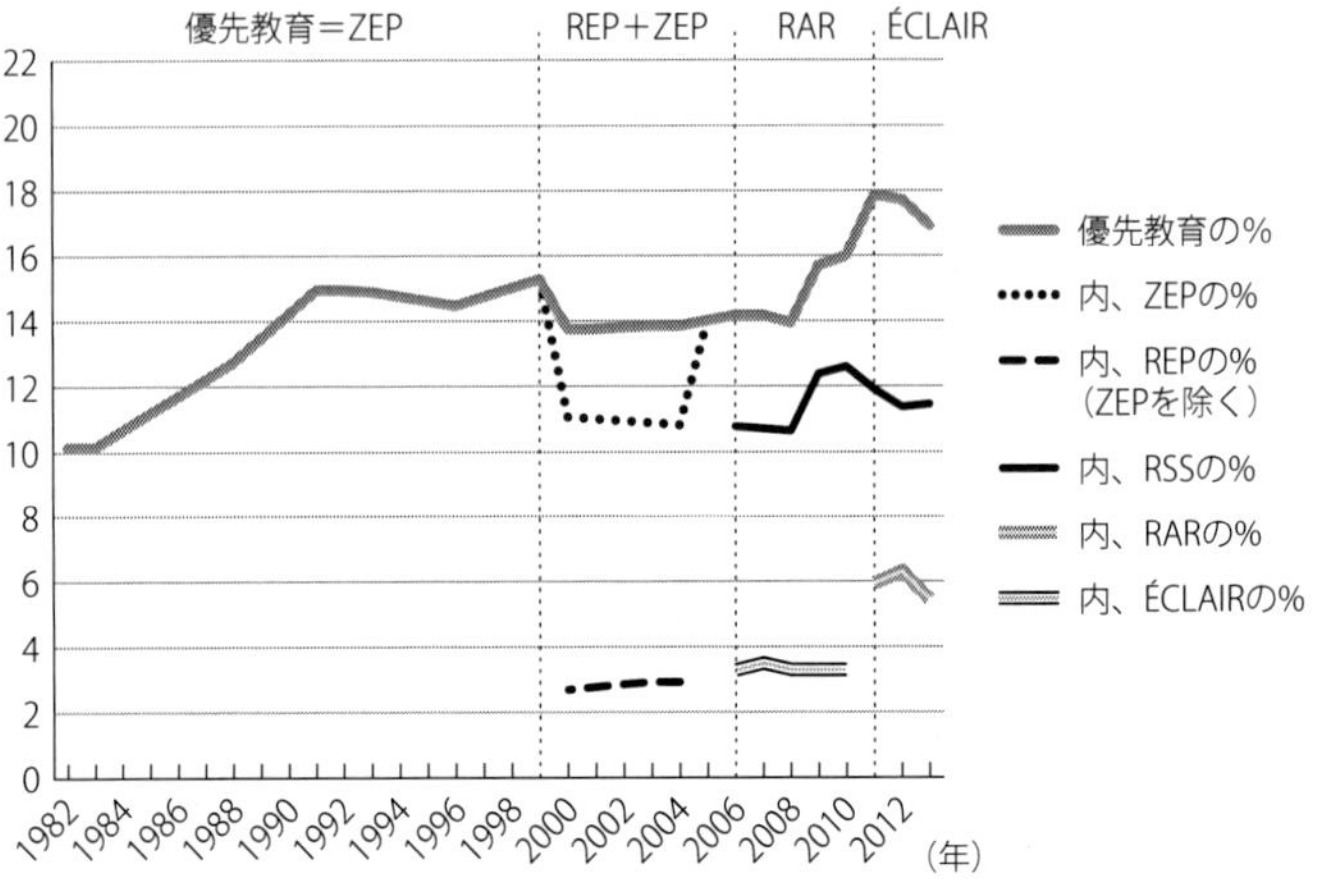

解説：1982年から1998年までの間、優先教育政策とはZEPのみを意味している。この期間には、ZEP地域で就学した小学生の率は10.1％から15.3％である。1999年から2005年の間の優先教育全体の総数はZEPとREP（ZEP以外）に分けられる。同様に2006年から2011年の間はRARとRRS、2011年から2013の間はÉCLAIRとRRSに分けられる。
出典：C. Moisan, 2001; *Repères et références statistiques* (MEN),1999 à 2014.

図5　優先教育方策に関係する小学生の数（％）の変遷

トナー」（非行防止組織やミッション・ローカル〔五三頁参照〕のような）へも開かれた。このことは、ロシェックスの区別による二番目の「時代」の特徴である［J.-Y. Rochex, 2010］。そこでは排除との闘いが強調され、教育政策は、最も排除のリスクにさらされている人々や地区を対象とし、より広い政策（市政のような）の中に含まれるべきであるとされた。また、公平さというレトリックが平等のレトリックに対して不可欠であり、つまり、目標は、もはやそれほど不平等を減少させることではなく、それよりは「学校における競争に負けた者」に向けた最低限

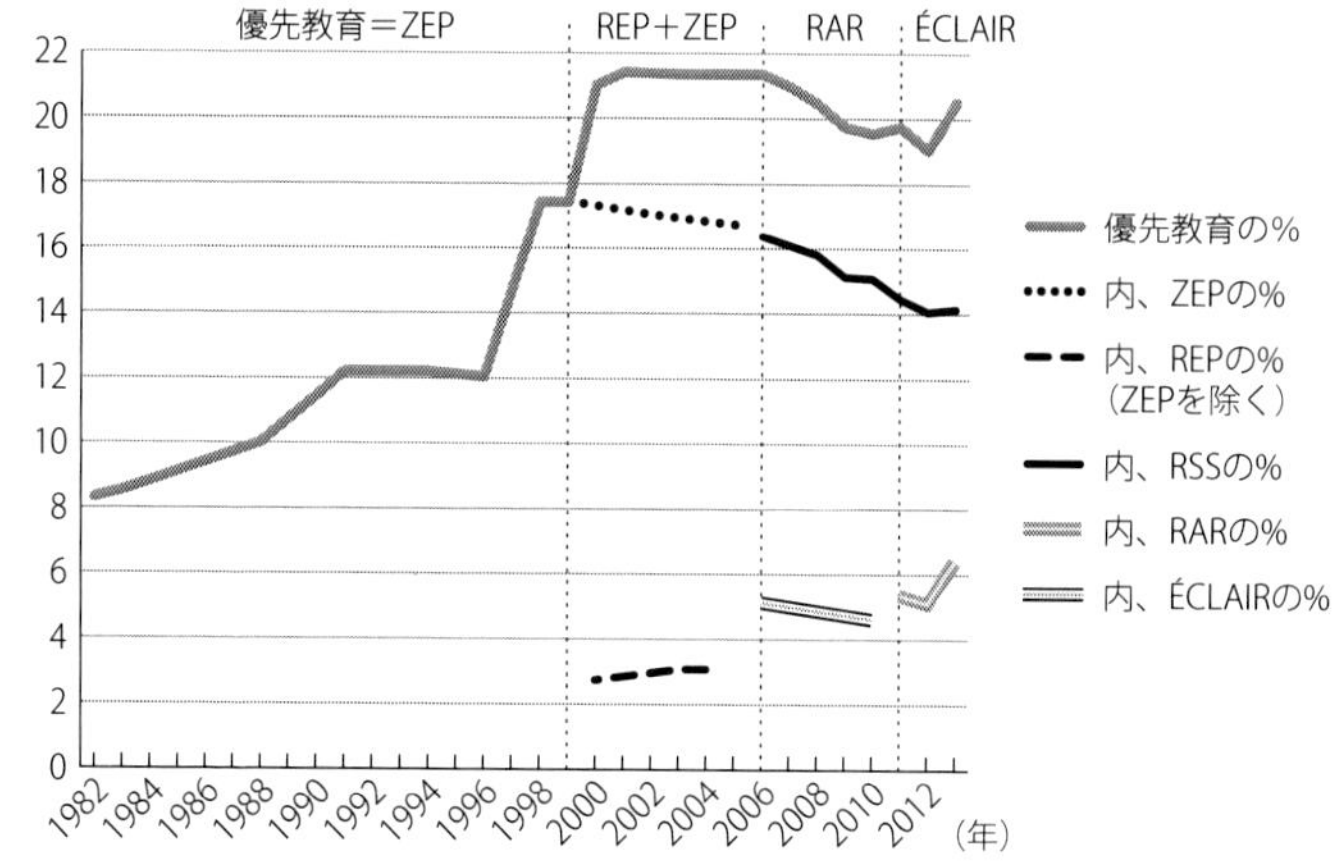

出典：C. Moisan, 2001; *Repères et références statistiques* (MEN),1999 à 2014.

図6　優先教育方策に関係する中学生の数（%）の変遷

の教育を保障することであった［F. Dubet, 2004］。

ＺＥＰに分類される学校は一九九〇年代にも増え続けた（図5および6参照）が、この頃に実施された初の評価では［D. Meuret, 1994; C. Moisan et J. Simon, 1997］、優先教育政策の効果は限定的なものであることが強調されている。これらの評価はまた、ＺＥＰと、これに近い特徴を持つその他の学校との境界が不当であると強調している。このような隣接範囲を限定するために、一九九九年には優先教育網（ＲＥＰ）が作られた。これらのネットワークは小学校と中学校間の連携を設け、ＺＥＰに分類されるほどではない学校（図5および6におけるカーブの分岐「優先教育における割合」と「そのうちＺＥＰの割合」を参照）をＲＥＰの方策の中に統合しながら、

ZEPへの入り口とそこからの出口との橋渡し部分を作り出した。大きく拡大することで、優先教育は教育方法を変えることで社会的不平等と闘うという積極的介入主義的な目的を失い、恵まれない人々を管理するシステムとなった［A. Bourgarel, 2006］。

優先教育政策を続けて実施し、推進したのは現在までのところ社会党であったが、二〇〇五年の暴動〔パリ郊外で移民系の若者が警官に追われ逃げ込んだ変電所で感電死したのを機に起きた抗議活動〕はこの政策の作成し直しをたきつけ、二〇〇六年の成功願望網（RAR）の創設により右派によるこの問題への参与が表明されることとなった［F. Lorcerie, 2010］。RARは中学校の五％弱および小学校のたった三％をまとめたものだが、非常に大きな困難を抱える学校に手段を再び集中させようとするものであった。他のZEPやREPは「学業成功網（RRS）」となった。高校は方策から大きく排除されていた。というのも、二〇〇五年にZEPに分類されていた一五二校のうち、優先教育に維持されたのはたった二八校であった。二〇一一年には、RARに代わりÉCLAIR（志、革新、成功のための小学校、中学校、高等学校）プログラムが置かれた。このプログラムの目的は、教授法の改革を促進していくために学校とネットワークとにより大きな自律性を付与することである。二〇一三年度の始めには、中学生の五・五％、小学生の六・三％がÉCLAIRに指定された学校で就学していたが、このプログラムに含まれる高校は三五校のみであった。二〇一五年度新学期にはREPとREP＋が置かれることでこのシステムはよりいっそうの展開が行われるように仕向けられた。これは、ネットワーク（社会的パートナーや地域集団と協力した学校間の）の役割を強化することを目指すもので、より多くの手段を、より限られた数の学校に（REP+）投入するとしている。

二〇〇〇年代以降は、すなわち三つの動きが見られる。（1）高校が犠牲となり、初等教育と中学校への優先教育の再度の集中（2）学校ネットワークを置いたこと、学校のイニシアチブによる自律性（3）地位（RAR/RRS、REP/REP+）に応じて与えられる差異化された手段による、方策の分散。ロシェックス［J.-Y. Rochex, 2010］によれば、この新年代はまた、エリートの社会的採用を拡大し、個人の「才能」を見抜く（フランスにおいて卓越性のある寄宿制度［F. Pirone et P. Rayou, 2012］、あるいはパリ政治学院の「ZEP」〔高校との特別入試〕協定――コラム⑫参照――がそうであるように）ことへと向けられた多様化した方策により特徴づけられる時代である。しかしながら、それはもはや一様に「必要とする者により多くを与える」のではなく、確かな享受者に的をしぼるものである。

コラム⑫

パリ政治学院における「ZEP協定」

二〇〇一年、パリ政治学院は優先教育協定（CEP）を開始した。これはZEPにあるパートナー校で就学している高校生に向けた入学手続きである。一方、商業大学校であるESSE

Cは二〇〇三年、「グランゼコール準備級、グランゼコール、もちろん私／僕も？」というプログラムを始め、高校の三年間に渡りESSECにより保証されるチューター指導を高校生に提供している。共通入試主義へ疑問を呈したパリ政治学院によるモデルよりも、大多数はESSECの始めたチューターモデルが広まっており、二〇〇九-二〇一〇年度には、五一％のグランゼコール会議のメンバー校がこのようなチュータープロジェクトを行っている。しかしながら、多くの調査は、しばしばパリ政治学院の研究者により行われたもので、それらはパリ政治学院により始められたCEPのケースに集中して、この方策の総括を作成している。

二〇〇一年以降、一三〇一人がこのルートでパリ政治学院に入学している。労働市場への参入については、これらの学生は同級生よりも多くの困難に遭っているということはない。学院の社会的門戸開放については、総括はより曖昧なものであり、実際に、約一〇年来学院には一般事務職と労働者の子どもの割合は増えたが（一九九七年には三％だったのが二〇一〇年には一一・五％）、管理職・上級知的職または企業社長（CPIS）の子どもは学院内に大きく過剰発現〔社会における割合よりも多い〕しているままである（七〇％近く）[V. Tiberj, 2011]。なお、CEPのルートで入学した生徒の四〇％以上が庶民階級出身ではない [M. Oberti, 2013]。このことは社会的混成という目的に必ずしも反していない。つまり、中流・上流階級の生徒がこの手段を使うことも容認し、一般入試を受けずにパリ政治学院に入学させることで、この方策は、そうでもしなければほとんど魅力のない地区の学校〔高校〕に一定の〔社会的〕混成を維持することを可能にしていると推測される。M・オベルティとその研究グループは［M. Oberti, F. Sanselme et A. Voisin, 2009］同様に、この方策が、それに参加する高校生に対し生み出す両面的な事実を示している。生徒の入学試験準備を行う教師は「望めば、叶う」と絶え間なく繰り返すのだが、個人の成功の鍵としてのこの動機というフレーズは、高校生による強い責任感を伴うものであり、彼らの失敗の責任を彼ら自身に置くことで彼らを弱らせることができるものである。より一般的に言うと、一握りの「そうするに値する」あるいは「そのポテンシャルがある」と判断された生徒に焦点を合わせている限り、これらの方策――パリ政治学院モデルであれＥＳＳＥＣモデルのであれ――は、優先教育政策の方向性の変更、つまり、より脆弱な方面へ手段をよりよく再配分するという目的が、徐々に庶民階級出身の新しいエリートを募集するという目的に代わることに寄与している［J.-Y. Rochex, 2010］。

優先教育の展開を扱った調査の隣で、社会学的研究はこれらの方策という事実に興味を寄せている。最初の一連の調査は、ＺＥＰとＺＥＰでない学校（non-ZEP）との比較を通して、ＺＥＰに分類された学校に通うことの、生徒の〔就学〕経路への影響について調べたものである。これらの評価結果は残念なもので、また、他の全て〔の社会的条件〕が同様の場合、ＺＥＰ校へ通うことは不利ですらあるというものだった［P. Merle, 2012］。しかし、これらの結果は慎重に解釈されねばならない。第一に、この研究法はＺＥＰカテゴリー（同様にnon-ZEPカテゴリー）の不均質性を無視しており、社会的・学校的に非常に大きな状況の多様性を覆い隠している［M. Kherroubi et J.-Y. Rochex, 2002］。第二に、これらの研究は全般的に中学校に集中しており［D. Meuret, 1994; J.-P. Caille, 2001］、ZEPの保育学校および小学校を闇の中に残している。次に、格差が続いているということが認められるということが以下のことを忘れさせてはいけない。それは、政策が実施された時、ZEPになった学校を特徴づけたのは、過度の負担がある学級および非正規教員にあった。そして、もし政策がこれらの格差をなくすには至らないとしても、優先教育の政策は、これらの格差をおそらく減少はさせた。最後に、多くの都市区域の社会・経済的状況の展開を考慮すると、不平等が増加することを政策が回避しなかったかどうか知ることは不可能である［J.-Y. Rochex, 1997］。

社会学者は同様に、ZEPに置かれた教授的方策とその効果にも興味を寄せている。「優先教育」というように教授実践を均質化してはならない。それは特に、教員が方策に注ぐ力は同じではないからである［A. Llobet, 2012］。しかし、いくつかの調査によって大体の傾向が引き出され、常に良い効果をもたらすものではないことが示されている。例えばD・ムレとF・アリュアン［D. Meuret et F. Alluin, 1998］は、ZEPの教員は彼らの生徒を過小評価する傾向があることを記しており、このことは、ゴーレム効果（ピグマリオン効果の逆）により、生徒たちの進路を妨げる可能性がある。この他に、M・ラパラ［M. Laparra, 2011］は、困難を抱えた生徒に対し、教員は単純に「学習状況」を回避し、学校への出席に意味を与えるとみなされている活動に専念し、見えない教授法を目指すようだということを確認している。

最後に、調査は優先教育方策の隔離的影響について強調している。それは一方では、いくつかの調査により示されているZEP学校内における隔離の増加であり、予算の一部が例えば選択科目により習熟度別学級を作ることに使われ、それが他の学校よりもこれらの学校〔ZEP校〕においてより頻繁に行われているという［M. Kherroubi et J.-Y. Rochex, 2002］。そして他方では、「優先教育」とラベル付けされた学校が、しだいに学校的および社会的に隔離されているということが観察されている。なぜならそこを避けられる者たちは避けるからであり、これが「プロレタリア化」という様相をもたらしている。二〇一〇年における第六級への入学に際し、一〇家族に一家族が、自分の子どもがその地域の中学校における就学をしないための措置の申請を出していたが、その地域の中学校がRARに分類されると、この申請の割合は三五％を超えた［P. Merle, 2011］。しかし、ラベルにより生じるスティグマを押されるという影響は、学校が置かれている競争およびZEP設置に伴う学区制の緩和という背景を除いてしまっては理解できない。

学区制について

第一次教育爆発を背景に、そして教育システムの統一と合理化を図ったフーシェ・カペル改革（一九六三）の中で、「学区制」という管理ツールは設置された。各学校の生徒募集について地理的区域により境界を定めることで、この制度は設備や教育課程の専攻の割り当て、および生徒の出入管理をコントロールすることを可能にした。当時、社会的混成の保護（あるいは形成）は付随的理由でしかなく、主な目的は、生徒の出入を予測し、調整することで、各生徒に就学機関へのアクセスを可能にすることであった。

教育制度の三度の変容がその後状況を変えている。一つ目は、ZEPの創設が学校間の差異を可視化したことである［A. Van Zanten, 2001］。二つ目は、第五級の終わりに行われる職業課程への進路選択が、一九八〇年代半ばより次第になくなったことである。多くの中学生は、彼らの学業困難の原因への対応のないまま中学校にとどまる（第二章参照）だけでなく、特に、庶民階級地域の中学校が第五級のおわりに生徒の「選別」をすることで、彼ら〔残った生徒〕が最も恵まれた中学校の学業結果と比較的近似の結果を得る可能性を失った。その結果、中学校間の格差は増大した［S. Broccolichi, 1995］。そして三つ目は、一九八五〜一九八九年の間に、脱中央化により、中学校に一定の自律性と「学校計画」とが付与されたことである。このことで、学校間格差は増大しただけでなく、しだいに可視的になり、そして社会集団間における学校競争は高まるばかりにさえなった。このような状況で、学区制により強制された生徒の配置には異議が唱えられるようになり、学区の学校を避けたい家族にとっては私学がしだいにオルタナティブと考えられるようになった。R・バリオン［R. Ballion, 1986］は、子どもの学校を自由に選択する権利を主張する家族の要求と不均質な学校提供の存在について調査している。私学モデルに拠ったこのような見方は、全土における同質な益として理解される一つの教育、という、当時まで公権力により守られてきた見方に相反するものだった。ここで言及しておきたいのは、学区制は、それが最初に批判された時に、批判への答えとして、〔生徒の〕出入管理ツールとしてよりも、学校内の社会的混成の保持のための手段として示されたということである。

家族からの要求に対し、そしてまた脱中央化の論理の中にあって、社会党政権は一九八四年に、局地的に実験を始め、学区制を破ることを許可し、そして一九八八年には、全土で学区制を緩和した。新しい規則に従い、第六級に入学する生徒の両親は、学区の生徒が登録した後に残っている空席の範囲内で例外を許可されることになった。このことは、〔良い〕生徒を惹きつけるための学校間競争を引き起こした［S. Broccolichi, *et al.*, 2010］。この最初の緩和を正当化するために学校間格差は前面に押し出され、そしてその格差は政策により強化された。なぜなら、最も恵まれた生徒たちは、最も恵まれない中学校を避けたからである。D・トランカール［D. Trancart, 1998］は、これを一九八〇〜一九九七年の間について、学校間の社会的差異に関する調査により測っている。しかしながら、この格差の増大はまた、都市のセグリゲーションの高まりの問題のように、学校問題を超越するプロセスから生じたものでもある。

学校間の差異化のプロセスおよび、学区を回避しようとする家族の意向は、相互に強化し合っており、一九八〇年代に注入された「選択の分量」は不十分となり、学区制は二〇〇〇年代になって再び疑問視された。政策のレトリックはひっくり返り、学区制はもはや社会的混成のためのツールではなく、不平等の源という印象を持たれた。なぜなら、それを迂回する方法を持つ家

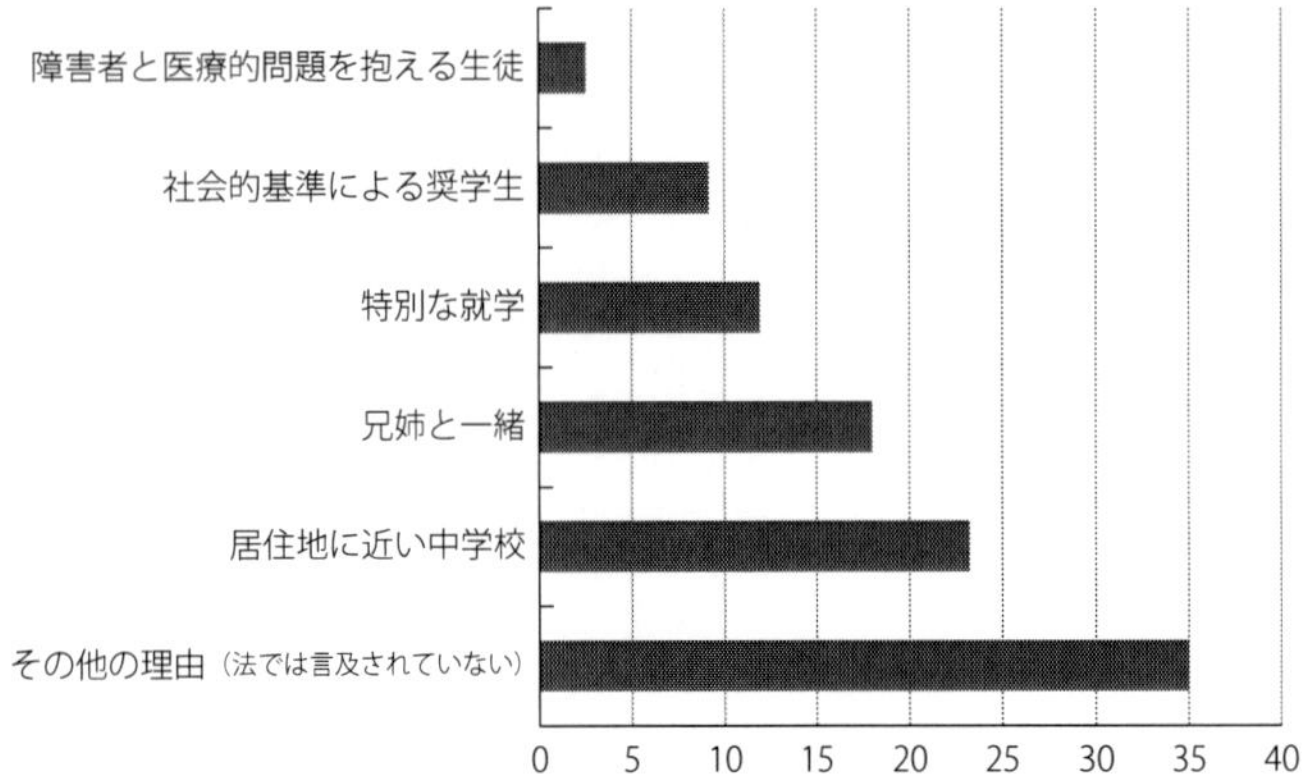

出典：［P. Merle, 2011］による

図7　2009年の新学期に第6級において承諾された49,961の例外依頼の理由
（%、正式に定められた優先順位の順）

庭があれば、一方ではそれをするための必要な資源を持ち合わせていない家庭もあるからである。二〇〇七年にはさらに、大統領選に出馬した二人の主要候補が二人とも、中等教育における学区制の見直しを掲げ、選挙後の夏にはすぐさま、ダルコス大臣により学区制が正式に緩和された。中学校と高校への例外措置申請は校長の好意で検討することが要求されたが、実際には、新たな措置により、特に承認する申請の優先順位が明確になった。この順番は以下のように明らかにされた。障害を持つ生徒および医療的手伝いの必要のある生徒の後に、社会的基準による奨学生、次に「特別な就学（歴）をせざるを得なかった」生徒、申請校にすでにきょうだいが就学している生徒、そして最後に、学区の外なのだが、希望する学校に近い者、である。

P・メルル［P. Merle, 2011］はこの緩和の評価をパリ、ボルドー、リールの自治体ついて行った。それによれば、最も恵まれない学校の「相対的ゲットー化」、つまり、そこでは生徒数の喪失と恵まれた階層出身の生徒の流出の両方が見られると結論付けている。この状況は、一つには奨学生〔社会的基準による〕の親からの例外措置申請が少ないことから、他方、「特別な学歴」（欧州言語学級、バイリンガル学級、古典語あるいは希少言語）と学区外の学校への例外措置申請とが多いことから生まれている（図7参照）。メルルはまた同様に、申請数の顕著な増加――パリでは二〇〇八年に第六級入学者の二五％に達し、二〇〇九年には三六％――、および承諾率の減少――二〇〇八年には四九％だったのが、二〇〇九年には三〇％――が見られること、このことから家族の不理解と不満が生じていること、なぜなら彼らは、大統領選における公約と政策のレトリック合戦により、学区制は廃止されるものと思い込んでいたからである。

本章で紹介した三つの政策は、その現実の実施が結局は現場のアクターに依っているとはいえ、政治の異なるレベルにおける錯綜を描いている。

第五章——教育制度における教員とその他の職業

フランスでは、二〇一三‐二〇一四年度、一二〇万人——これは労働力人口の四％近くに相当する——が国民教育省、高等教育・研究省に所属している。この中で、七八・五％は教員である［MEN, 2015a］。教員は、もはや「置き換え可能な行為者（agents interchangeable）」［P. Bourdieu et J.-C. Passeron, 1970: 73］と考えられることはなく、今日、社会学で広く研究されている。実際、教育制度の変容および、より一般的に学校における社会的不平等の持続を理解するには、誰がその制度を生かし、そして彼らはどのようにそれを行っているのかを理解することは不可欠である。職業社会学と学校の社会学の交差点に立ち、本章では最初に教員から成る職業・社会集団を、そして、彼らの日常の仕事および教授実践を検討する。次に、生徒指導専門員（ＣＰＥ）に関心を向け、学校内における分業問題について考える。

教員の世界

職業的混沌

「先生（profs）」は明らかにある一つの社会的な像を形成しているが、社会学者は、教員という極度の多様性を強調している。「教員（enseignants）」という用語は実際、優先教育地域にある保育学校で教える教員も、同様に中心街にある私立の中学校においてパートタイムで英語を教えるアグレジェ〔高等教育教授資格者〕も指し示し、地位と労働条件の多元性を覆い隠している。この不均質性は高等教育の職にある者も同様に含めると、さらに大きいと思われる。一つの均質な社会的集団よりも、教員たちは複数の職業世界を結びつけた集群を形成している。

確かに、J・ドゥヴィオー［J. Deauvieau, 2005a］が強調するように、中等教育および初等教育の教員の地位は一九三〇年代以降、近づいた。中等教員は当時、数千人を数えるほどで、学士号取得者である彼らは社会的エリートに属し、その生徒もまた社会的エリートに所属していた。初等教員はもっと数が多く、よりしばしば低階層の出身者で、師範学校での養成課程ののち、初等学校で教えていた。一九六〇年代より第一次および第二次教育爆発が起こり、これが状況を変えた。生徒数が大きく増えたことを受け採用をしなければならなかったことから、中等教育の教員数は一九六〇年から一九八〇年の間に四倍に増えた。このことで逆転が生じ、一九八五－

一九八六年度には中等教員は三一万八〇〇〇人、初等教員は二九万八〇〇〇人となった。続いて、一九八九年には初等教員職団体（corps professionnels des écoles）が、一九九〇年には大学附設教師教育大学院（ＩＵＦＭ）が創設されたことが、初等教員と中等教員を近づける重要なステップとなった。すなわち、初等教員にとっては大学を経ることが必須となるということだった。こうしてほとんどの初等教員がそれ以降は学士を経た後にＩＵＦＭで採用されている［B. Geay, 1999］。中等教員はというと、一九九二年より彼らもＩＵＦＭで養成されていた。ＩＵＦＭの目的の一つは、未来の教員に、〔初等中等教員〕共通の職業文化を与えることだった。この機関は二〇一三年に、教職・教育高等学院（ＥＳＰＥ）の誕生により廃止された。教職・教育高等学院は、大学の構成組織として初等・中等全ての未来の教員を養成するもので、全員が以後、修士号の取得を課されている。一方高等教育の教員養成には共通科目〔基礎〕はなく、その養成課程はより多様で、博士課程の中で行われるように、学問分野内で養成されることが多い。

地位的、制度的改革にもかかわらず、教員集団は不均質なままであり、この空間を構築する分化線は大部分が制度化されている。私立と公立では、地位には相違があり、また教育段階（初等、中等）でも、同じ段階でも相違がある（中等教育では、中等教員免状資格者、アグレジェ、嘱託）。これらの地位によって、役務―すなわち求められる教授時間―や報酬は異なる。中等教育の一教員の主な報酬は手取りで平均月額二三五四ユーロであり、初等教育ではその額は二〇八七ユーロである［MEN, 2015b］。教員職の混沌は高等教育で教える者を含めるとさらなる不均質性を現す。高等教育では地位は極めて多様であるが〔C. Musselin, 2008〕、それは学校や教育課程のタイプが多様だからであり（グランゼコール準備級、ＳＴＳ、各種の大学校、大学など）、そしてある一つの機関内にも、複数の地位が共存しているからである。例えば大学では、任期付き雇用で採用されている教員（ＡＴＥＲ、教育研究補助員）あるいは契約教員が、准教授あるいは大学教授のような公務員と隣り合わせている。

教員：中流階級のメチエか……そして女性のメチエか？

教員集団を横切る分け目は、同様に、教員の社会的出自によっても作られるが、この社会的出自は、〔教育〕課程の水準とともに上がる（表10参照）。

全般的に、教員の社会的出自――そして女性教員についてはよりいっそう――は、過去と同様今日も全人口の社会的出自よりも高い。社会学の文献ではこの問題に取り組むのに二つの方法が存在する。まず、この集団の社会的出自とその変遷を、労働人口全体の社会的出自と比較した研究がある。初等教員についてＦ・シャルルとＰ・シボワ〔F. Charles et P. Cibois, 2010〕は、「脱中流〔階級〕化」と述べている。これによれば、一九六四年から一九九七年の間に、教員集団は「ブルジョワ化と同時に庶民化」〔2010, p.47〕しているだろうということである。反対に、中等教員採用が「中間〔階級〕化」していることが指摘されている。これは、恵まれた階層が教職に魅力を持つことが少なくなっていることと関連しているという〔C. Thélot, 1994; G. Farges, 2011〕。この

表10　教育段階、性別にみた教師の父親の職業（%）

父親の社会職業カテゴリー	初等教育教員		中等教育教員		高等教育教員		労働人口における父親の職業
	男	女	男	女	男	女	
農業従事者	5.5	7.7	8.4	7.9	5.1	4.7	11.6
職人、商人、企業社長	7.4	10.8	13.1	11.9	8.4	11.0	12.5
管理職、上級知的職*	6.4	12.4	14.0	16.6	28.9	29.7	8.6
教員	16.7	9.8	13.1	16.6	13.5	26.6	3.2
中間職*	17.6	20.1	22.8	16.3	15.3	12.5	12.7
一般事務職	19.4	13.7	9.1	12.1	13.5	4.6	11.4
労働者	26.9	25.5	19.5	18.7	15.3	11.0	40.0

* 教員を除く
対象：回答者のみ
出典：FQP2003．父親の職業は現役時代の最終の〔あるいは最新の〕地位であり、調査対象者が学業修了時に申告したもの。

問題へのもう一つの観点は、社会的出自ごとに教員という職に就く確率を計算することにある。このやり方を最初に提案したのはJ－M・シャプーリ［J.-M. Chapoulie, 1987］だが、その時以来中等教育にしか適用されていない。J・ドゥヴィオー［J. Deauvieau, 2005b: 34］によれば、「労働者および一般事務職の子どもは、他の諸条件が全て同じ場合、管理職の子どもよりも、よりしばしば中等教員になる」という。中等教員の職は実際、庶民階級の子どもに最も開かれた管理職水準の職業である［C. Hugrée, 2010］。

教員間にあるこのような社会的出自の差異は、その差異が、教員の実践や代表性に影響を及ぼし、そして特に、彼らが階層移動の決定機関として学校に割り当てる役割へ作用を及ぼすことを考えてみると、中立的とはほど遠い。これらの差異は、より一般的には、教員が保つ学校文化との関係や、庶民階級の生徒に対する態度を方向づけるのである［S. Beaud et F. Weber, 1992; L. Balland, 2012］。

性別は教員集団を分けるもう一つの線である。女性教員の過剰代表性は、教育段階が上がるごとに衰える。保育学校では女性教員の割合は公立部門で九二・四％にのぼるが、高等教育では三八・一％でしかない。C・ミュスランが明らかにしたように、女性化の傾向は示されるものの「高等教育の教員においてはガラスの天井が壊されたというにはほど遠い［C. Musselin, 2008: 21］。ある一つの教育段階における女性の比率も同様に、地位により異なる。例えば私立の教員（初等および中等）は公立よりも女性が多い（前者は七四・三％、後者は六九・五％）。そして女性教員の比率は中等教員免状資格者（六三・三％）の方がアグレジェ（五一・八％）よりも高い。教科分野別の格差にも言及しよう。哲学教員のうち女性教員の割合は四〇・三％だが、言語では八四・一％である［MEN, 2015a］。

教員における女性の過剰な代表性についてM・カクオー＝ビトー［M. Cacouault-Bitaud, 2007］はこの職業が女性をより惹きつけているステレオタイプについて検討した。なぜならステレオタイプによって家庭生活と職業生活をよりよく両立させるだろうからである。最初に、カクオー＝ビトーは、歴史的に位置付けられたこの表象の特徴に触れている。一九三〇年代までは逆で、教職への従事と結婚は両立不可能であるという考えが勝っており、女性教員は独身の率が高いという特徴があった。次に、一九二〇年から一九四〇年の間および一九六〇年から一九八五年の間に採用された女性教員へのインタビュー調査をもとに、彼女は、教職への「道程」が、特に女性教員の社会的出自によって多様であることを明らかにした。最後に彼女は、これらの女性たちにとって家庭生活と職業生活の両立はまったく生易しいことではないということを明らかにした。

カクオー＝ビトーはまた同様に、一九五〇年代以降、教員職への女性の進出は、この職業の衰退ともに減退したという考えを否定した。初等教員について彼女は、一九二〇年には六二％が女性であったこと、そしてこのように男性が少ないことが衰退のしるしとして解釈されるのは一九六〇年代になってからに過ぎないと言っている。高校教員については、女性の進出は一九六五年から一九七一年の間で頂点に達しているが、試験は男女共通ではなく、採用選抜は男性にとってよりも女性にとっての方がより厳しかった［J.-M. Chapoulie, 1987］。したがって、「非常に選抜されている女性教員は、特に理系分野において、大部分が中流階級あるいは上流階級出身であるが、どのようにしてこの職業の価値の低下のしるしあるいは要因を形成しているだろうか？」とカクオー＝ビトーは投げかけている［M. Cacouault-Bitaud, 2001: 103］。

コラム⑬

職業高校の教員

教員について扱う社会学研究のほとんどが、普通・技術課程の教員を何よりも中心に置いており、職業高校の教員については闇の中に残している。つまり、存在する職業高校の教員についての調査は、我々が他の箇所で言及した調査とほとんど交わっていない。しかしこれらの調査は、職業高校の教員（ＰＬＰ）採用および労働状況における主要な変容を説明している。一九六八年以前には、職業課程の教員は少なくとも五年の職業経験を持たねばならず、このことから、教員はしばしば労働界出身者が採用され、彼らの生徒とは社会的により近い者であった。現在は、ＰＬＰの採用は選抜試験により行われ、職業経験は義務ではなく、このことで教員はかつてよりも社会的により恵まれた者から採用され、より学校制度に近い者となっている [A. Jellab, 2008]。エージェンシー〔行為者〕を「学校化」することで、この新しい採用は結果として職業養成課程の学校化を強化することをもたらし [U. Palheta, 2012]、ますますこの課程を労働界における社会化の一形態ではなくしている [L. Tanguy, 1991]。

とはいえ、ＰＬＰは、今も中等教員の他の課程の教員よりも、より庶民的な出身であり、そして自らのこれまでの課程において、より多くの学業困難に遭っている [A. Jellab, 2008]。〔ＰＬＰとなることで〕学校体系上に位置づけられるが、もはや職業人でもなくなり、彼らは、普通・技術課程教育にいる自分たちの同僚に比べ、立場が不利であると感じているようである。このことがＰＬＰを、彼らの生徒という、彼ら自身学校的ヒエラルキーの中で支配された側である者たちと近づけ、そしてこれらの生徒たちに対する一種の理解を生み出すか、あるいはその反対に、距離を取るということを引き起こすという [A. Jellab, 2008]。

教員は（学校制度において）何をしているだろうか？

教員の仕事

教員の仕事に興味を持ったA・バレール［A. Barrère, 2002］は、その仕事の実践背景が、学校種、生徒、あるいは教授科目によって極めて不均質であることを強調している。例えば、中等教員により申告された週の平均労働時間は、三三時間から四一時間までと、教科によって違いがある［F.-R. Guillaume, 2000］。また、学級ごとの平均生徒数も、ロゼール県での一四・九人からエソンヌ県の二五・三人まで、地域により非常に変動がある［MEN, 2014］。同様に、複数の研究が、大都市圏の周辺地域の特有性に言及している［A. Van Zanten, 2001; M.-L. Peltier-Barbier, 2005］。ロシェックス［J.-Y. Rochex, 1995］は特に、困難地域そして／あるいはZEPの教員は、経済・社会的困難を併せ持つ人々――生徒や家族――に直面するのみならず、数多くの要請にも向き合わなくてはならないということを指摘している。この要請は、「パートナー」や学業失敗と闘うプロジェクトの多様化に関連しており、そして活動の即時性や緊急性という時間性の中に教員を追い込むのである。

不均質性はあるものの、この職業全体は実践において二度の教育爆発に影響を受け、より多くの、そしてより庶民的な生徒の到来に合わせていく必要があった。今では教員は、例えば面談によって、生徒の家族へとより働きかけることが多いが、生徒の社会的に置かれた立場が学校の要求とギャップがある場合にはさらにそのようにされている［P. Rayou et A. Van Zanten, 2004］。そこからコンフリクトや無理解、あるいは失望が生じうるが、これらはしばしば、家族が就学に協力的であることを教員が期待することへ差し向け（第二章参照）、そして家族は、自己拘束のような、学校様式にかなったやり方を変容させる。

日常的な労働条件は、中学校および高校の学級内における「認知的中退」（第二章参照）にある生徒の存在により、修正されており、このような生徒の存在は学校秩序に絶え間ない脅威を形成している。一九六七年にはすでに、J・テスタニエールが就学者の変容と学校秩序の維持条件について関係付けた。彼が示すことによれば、学校内に常に「騒音」がある場合、一般に集団的である「伝統的」騒音は、学校集団を表現し、強め、彼らの一体性を意識させるという。実際、「伝統的」騒音は生徒が授業を妨害するために一緒に準備し、彼らが先輩の話から着想を得ることを前提とする。さらに、学校制度の規範を嘲弄しながら、彼らはそれを内面化している。ときに、第一次教育爆発で「アノミー的な」騒音は出現したのだが、それは学級グループに関わることではなく、一握りの生徒に関することであり、それは教育制度に彼らがうまく統合されていないからだと理解されていた。すなわち、学業競争の中で成功することができない中、これらの生徒は規範にも、学校制度の目的にも反抗しているのである［J. Testanière, 1967］。このような形の無秩序は今日、中学校［A. Van Zanten, 2001］から職業高校まで［U. Palheta, 2012］、そして普通・

技術高校でも〔A. Barrère, 2002〕中等教育の全ての段階で観察される。多くの教員が、とにかく「勉強させる」ことを目指して質問やノートテイクを多様化させたり〔S. Beaud et F. Weber, 1992〕、進路変更させると脅したりといった〔A. Prost, 1985〕教授戦略へ助けを求めた。S・ブロッコリシとÉ・ロディティ〔S. Broccolichi et É. Roditi, 2014〕も同様に、初等教員を観察し、メチエに入る〔仕事を始める〕のが難しいことが、知識の伝達よりも仕事の「雰囲気」や生徒との良い関係性を保つことをしばしば優先させることへと彼らを駆り立てているということを示している。新しい生徒の到来は同様に、学校の勉強に生徒を「参加」させる命令のような新しい教授規範を結果的にもたらし、教員の仕事の複雑化をもたらす。したがって、知識を伝達することは今日、受容できる学校秩序を維持しながら、生徒を授業に参加させる様式を構築することを必要とする〔A. Barrère, 2002; J. Deauvieau, 2009〕。

教授条件の変容は、それほどまでに教職の衰退を意味しているだろうか？ G・ファルジュ〔G. Farges, 2010〕が想起させているように、今日教員の多くは、彼らの仕事が社会的にほとんど価値付けされていないと考えている。しかし一九五〇年代末には初等教員がすでに、彼らの職業の威信が失われていることについて不平を言っており〔I. Berger, 1959〕、一九六〇-一九七〇年代には、教員という職業の価値は比較的低く評価されていた〔J.-M. Chapoulie et D. Merllié, 1970〕。客観的な衰退というよりもそれは、職業実践の条件が変容していることと同時に、停滞、さらには給与の現実的価値が落ちていること、これらによって抱かされる格下げという感情に特に関わることであろう［D. Goux et É. Maurin, 2008］。

教員と学校的不平等

教育社会学においては、社会的不平等の（再）生産における教員の役割も研究されている。これは二種類のアプローチに分けることができる。一つは、個人の実践を差異化し、「教員の影響」の存在を明らかにしようとするものである（第三章参照）。そしてもう一つは、その反対に、振る舞い方や、教員に共通の思考のカテゴリー、そして学校制度の体系における教員の影響に拘ったものである。

後者の観点については、P・ブルデューとM・ドゥサン＝マルタン［P. Bourdieu et M. de Saint-Martin, 1975］が、教員の理解力のカテゴリーと名付けたものを研究している。これは、一九六〇年代に、ある女子高等師範学校の哲学教授が四年間にわたり成績及び評価を記入した個人票（fiche individuelle）に基づいており、ブルデューらは評価の中で使われている様々な形容詞と、生徒の社会的出自の間に存在する関係について検討した。彼らによれば、「正式な分類」、すなわち通常、教員が学業成績を評価するために使う形容詞は、判定と社会的順位を覆い隠すという。好意的な形容詞は成績が上がるほど、しかしまた社会的出自が上がるほど、より頻繁に現れる。そしてこの二人の著者は、資質にはヒエラルキーがあることを指摘した。一般に被支配層へ与えられる形容詞（「不器用」、「のろい」）から、支配層へ与えられる形容詞（「のびのびした」、「繊細」）

まで、その間には中流階級への形容詞（「真面目」、「学校的」）といったように。実際、学校的分類は、優秀さについての暗黙の定義の上に成り立っており、それは、「社会的支配層の者へ社会的に与えられた」資質に何よりも高い評価を与えるが、覆い隠された方法によって行われる。この「社会的資質の学校的資質への変換」は、取るに足らないことではない。それは、変換されていない形式（「あなたは労働者の息子でしかない」）では反逆を引き起こしかねない申し出を、学校的形式（「まずまず、それ以上ではない」）で受容できるものにしているのである。

仮にこれらの研究が既に比較的古いものであるとしても、これらは今日的であり続ける現実を指し示している。すなわち、社会的側面と、かなり無意識ながらある方策を「自然な形に」することで「彼らが行っていると思っていることと違うことを行う」教員による判定である［P. Bourdieu et M. de Saint-Martin, 1975: 80］。初等教育の終わりから中学校までの五三〇人分の成績表を分析することで、J・カユエット＝ランブリエール［J. Cayouette-Remblière, 2016］は、小学校から中学校にかけて判定の基準が厳しくなっていることを指摘している。初等教員による「優しい」類のコメント（「弱い」、「励まされなければならない」）は中学校ではより罪悪感を与えるコメント（「勉強しない」、「放棄」）に置き換わり、そして／あるいは生徒が学校的秩序に対し起こす問題を記載している（「妨害者」、「落ち着きがない」）。この資料についての統計的なテキスト分析も、生徒に対し使われる形容詞が社会的特徴に位置づけられることを証明している。例えば庶民階級の子どもを「遊んでいる」と咎めるが、上流階級の生徒の「ユーモア」や「明敏さ」を褒めるというように。他にも、理系グランゼコール準備級の成績表についての研究［M. Blanchard *et al.*, 2014］が、教員によって動かされるカテゴリーにはジェンダー的側面があることを明らかにしている。これによれば、「勤勉」「真面目」という形容詞は女子に対して（そして庶民階級出身の生徒に）よりしばしば充てられ、「優秀な」「可能性を秘めた」という形容詞はどちらかというと男子に対して（そして上流階級出身の生徒に対して）充てられるという。

したがって、教員と家族間の交流という外観の下、成績表に登録された評価はまた同様に、生徒へ向けられた判定なのであり［C. Mathey-Pierre, 1983］、それは二重の影響を持っている。一方では、判定は生徒の記憶に残り、数年後に生徒は、自分の先生からのコメントを思い出すこともあるだろう［J. Cayouette-Remblière, 2016］。他方、判定は、特に「職業に関する先見」というカテゴリーのように機能する時［M. Darmon, 2013］、つまり、志願が出されたセクションにおいて、生徒の学業失敗のリスクを予想するために使われる時、進路選択に影響を及ぼす。すなわち、同点の場合、グランゼコール準備級では例えば「優秀」と言われる生徒の方が、「勤勉」と描かれた生徒よりも、より選抜される。

学校制度の他の職業と教育的仕事の分業

教員を扱った社会学的文献の豊かさとは対照的に、教育制度における他の職業についての研究はほとんど存在していない。しかし、教員数に比べると少数であるとはいえ、校長［A. Barrère, 2006］、中央視学官［X. Pons, 2010］、生徒指導専門員（ＣＰＥ）、教育アシスタント（ＡＥＤ）、保育学校専門地方職員（ＡＴＳＥＭ）［P. Garnier, 2010; R. Gasparini, 2012］、進路指導専門員（ＣＯＰ）［P. Lehner, 2017］〔原書では現在進行中とあるが著者に確認の上2017とした〕、あるいはまた医療・社会チームの職員［A. Gindt-Ducros, 2012］も学校施設の生活の中で到底無視できない役割を担っている。しかしこれらの様々な学校制度のアクター間においての分業は常に容易なものというわけではなく［P. Masson, 1999; A. Van Zanten 2001; A. Barrère, 2002］、二つの類の問題を引き起こしている。一つは学校内における情報伝達の問題、そしてもう一つは、学校の仕事における最も抑圧的側面の管理から起こる問題である。これらの教育的仕事の分業に関連したいくつかの争点を明らかにするために、ここではＣＰＥの職業集団に関心を寄せることにする。

今日一万二〇〇〇人のＣＰＥがおり、そのうち六七％は女性である。彼らの四五％は中学校に、三五％は普通・技術高校に、二〇％は職業高校に従事している［J.-P. Cadet *et al.*, 2007］。Ｎ・モナン［N. Monin, 2007］が強調しているように、ＣＰＥは学校内で相対的に「被支配的な」ポジションを占めている。支配はまず学歴の面からであり、彼らは学歴が、より単線的ではない点で教員と区別される。一九九〇年代には、中等教員資格者およびアグレジェの一〇％以下の者だけが一年あるいはそれ以上の遅れでバカロレアを取得していたのに対し、ＣＰＥでは二七％である。その反対に、中等教員資格者およびアグレジェの半数がバカロレアを特記評価（mention）付きで取得しており、ＣＰＥではその割合は三五％である。他にも、今では養成課程は教職・教育高等学院（ＥＳＰＥ）の修士レベルで保証されているとはいえ、ＣＰＥの採用は「中等教員免状の名誉的なタイトルと結びついた識別はない」という。支配はそして社会的でもある。ＣＰＥの大部分の者にとって、この職への到達は社会的上昇であり、採用試験で合格した者の半数は庶民階級からの採用である。

しかし、ＣＰＥの、学校制度の中における相対的に支配された地位は、その職の輪郭がこの数十年の間に大きく再定義されたものであり、いまだ曖昧に思われるという、特殊性を際立たせている。ＣＰＥの職務は比較的「若く」、一九七〇年代に、規律を与える任務を持つ主任生徒監督（surveillant général）が六八年五月革命の後に異議を申し立てられたことを受け、これに代わり出現した［A. Tschirhart, 2013］。

しかしながら、ＣＰＥの役割は、この抑圧的な任務を遥かに越えている。一九八二年には、一つの通達（二〇一五年八月改定）によってＣＰＥは「学校生活」の枠組み全般に位置づけられ、その目的は、特に生徒との面談の実践によって「青少年を、個人および集団的生活の、そして個々の成熟のための、最良の条件の中に位置づける」ことであるとされた。しかし「主監（surge〔surveillant général の蔑称〕）」像が完全になくなったわけではなく、ＣＰＥが実際には学校的逸脱の制御に参加しているとしても、多くのＣＰＥは、しばしば「汚れ仕事（dirty work）」に繋がるこの抑圧的な任務に限定されないよう戦略をとっている。この「汚れ仕事（dirty work）」という概念はアメリカの社会学者E・ヒューグから借りているが、仕事の「道徳的」分業の中で、独創性がなく隷属的で、うんざりする、さらには品位を落とす、なんの名声ももたらさないと評価されるタスクを指し示している［E. Hughes, 1996］。J－P・パイエ［J.-P. Payet, 1997］に続き何人もの著者が、学校施設の中で、しばしば教員からCPEへ権限を譲渡されている規律的仕事を指し示すためにこの概念を使った［A. Van Zanten, 2001; A. Barrère, 2002; J.-P. Cadet *et al.*, 2007］。

たいていの場合、CPEは、その任務が同時に「最も漠然として最も曖昧」であり［A. Van Zanten, 2001］、彼らは学校の中で、特にある特権が異なるアクターと共通の場合には、絶えずその地位と役割を（再）交渉しなければならない。こうしてコンフリクトの潜在的な形が現れる。すなわち、例えばCPEは、生徒の学校外の生活についての情報を持つ――そしてそれをとどめる――ことができるが、これらの情報は、学級における秩序と教授の維持問題を解決するために教員が必要とするかもしれないという点において、権力の源となり得る［A. Van Zanten, 2001: 184］。

一枚岩とはほど遠い制度であるフランスの学校制度は、学校の日常的活動のために働く個々人の多様性により特徴づけられている。そしてこの多様性は一定の不平等の生産に寄与している。実際、各学校規模で、様々な職業集団が共存――彼ら自身均質とはほど遠い――するには、教育および教授実践に関して対照的な結果を生み出すことのできるような調整の形が必要である。このような職業の多様性は、学校制度を生かし、課程や対象〔生徒〕と結びつき、そのようにして異なる就学条件と経験を生み出すのに寄与するのである。

第六章——生徒たちとその家族

学校へのアクセスはもはや否定できないほどに一般化〔普及〕したが、数十年来続く失業の増加や労働市場への参入難という状況の中で、この一般化は新しい形の不平等や学歴の差異化の出現を伴っている。これらの現象は一様に、生徒の学校経験および、家庭と学校との関係を再定義し、そして多様化することに寄与している。

学校経験

学校は、一般化しながら、個人の人生において次第に重要な位置を占めるに至った。しかしながら、学校経験は多様である。これら異なる学校の体験の仕方——そしてその方法が導き出す知識との関係性——は、成功の社会的不平等を形成することに関与するが、また同様に、異なる個人を形成することにも貢献している。デュルケム以後、学校は流入を管理する装置ではないことを思い出さねばならない。すなわち、学校はまた社会化の決定機関でもあるのだ。仮に、F・デュベやD・マルチュセリのような［F. Dubet et D. Martuccelli, 1996］、何人かの社会学者が言うように、学校の社会化機能は学歴や経験の多様化に関連して弱まったとしても、学校制度が個人に持続性のあるしるしをつけることが少なくなっているということはなく、最近の研究によれば、学校が社会化の役割を行っていることは明らかである［R. Establet *et al.*, 2005; J. Cayouette-Remblière, 2016］。実際、教科内容がそこでは教えられると同時に、学校は役割、価値や考え方を伝達し、そこに通う個人を変え、そして（再）定義するのに貢献している。しかしながら、学校が実行する行為は、それが向けられる個人や、就学のコンテクストによって異なっている。

社会化の決定機関としての学校：性別により差異のある社会化の事例

社会化の決定機関として、学校は社会的役割の構築とヒエラルキーの内面化に参加している。つまり、学級で聞かれることから、あるいは学校での社交性の枠内で、生徒は例えば、異なる社会・職業的集団間の序列へ同化することや［W.Lignier et J.Pagis, 2012］、そこに自分を位置付けることを学ぶ。性別的アイデンティティもまた学校の中で、教授内容およびそこで通用している相互作用によって強化される。事実、教科書における男女の表象についての研究［S. Rignault et P. Richet, 1997］、国民教育省の推薦する青少年文学図書についての研究［C. Brugeilles *et al.*, 2009］が、そこに書かれた内容が果たす役割を明らかにしている。すなわち、女性は男性よりもこれらの図書の中での登場が少なく、しばしば母親や妻の役割に限定されるが、男性はどちらかというと職業領域の中で現れている。

相互作用の面については、学級運営の中で、教員は頻繁に女子グループと男子グループを対比させていることが観察により指摘されている。他にも、意識せずに、彼らは男子とよりしばしば相互に影響しあっている［C. Zaidman, 1996］。そして、教員の期待も性別により異なる傾向があり、女子にはより従順であることが、男子はより規律的であることが想定されている。この結果、落ち着きのない態度は叱られるが、それが男子の場合には自然なことと判断されるし、一方でそれが女子の場合には許容し難いことと考えられている［N. Mosconi, 2001］。しかし、M・ダルモンが強調しているように［M. Darmon, 2001: 533］、「学校的社会化について、この社会化の行為者が誰であり、そしてそれが実施される正確で多様なプロセスについて明確にすることなく話すことは、社会化の行為者の多様性を覆い隠すことである」し、多様性はコンフリクトの元となり得る。言い換えれば、全ての教員および、教員を越えた学校制度の全エージェントが、統一されたやり方では行動していない。保育学校に調査に入った学生としてダルモンは、このフィールドにおいて、教員の横で学級に介入する保育学校専門地方職員（ＡＴＳＥＭ）は、教員よりもはるかにはっきりと実践を男女で区別していることを指摘している。

教育職に加え、学校内でのジェンダーの社会化は仲間との関係性によっても行われている。保育学校になると早くも、子どもは性別ごとのグループに分かれ、彼らが校庭で打ち込む遊びを、両性混合的、男の子らしいあるいは女の子らしい、というように序列化している［J. Delalande, 2003］。「パパとママ」というような遊びを通して、子どもは性別役割を自らのものにし、これらの役割に反する態度、特に男子による女性的な行動について、非難するのである。

高校生の世界

学校制度は、均質な塊を形成しているどころか、彼らが提供している課程や、対象、地域的背景によって異なる施設の中で具現し、そうして多様な学校経験を引き起こしている。特に高校生のケースを検討するとすれば、複数の調査がこのグループとみなされた単位を調べており、学校や教育課程ごとに、これらの生徒が、学校、選抜、学校知あるいはまた彼らの将来を表す仕方と比較しながら行われている［R. Establet *et al.*, 2005］。F・デュベ［F. Dubet, 1991］は例えば高校生の様々なグループを、彼らの就学場所によって区別している。例えばどのようにしてパリのある名門高校の生徒、すなわちデュベが「遺産相続者たち」と形容する者たちが、彼らの学業をはっきりとしたキャリア計画には結び付けていないか、そのために彼らは、「長期にわたる、そして優秀な就学が自明である」家族の運命に自らを位置づけているかを彼は示した［F. Dubet, 1991: 44］。高校は学業の始まりでしかなく、計画は何よりも学校的で――一つの段階、一つの学校、一つの入試を目指す――、そしてこの中で肝心なことは特に自ら「門戸を閉め」ないことである。この逆に、「新しい高校生」とデュベが定義した、郊外の学校の技術課程に就学する者たちにおいては、何よりも将来に対する悲観主義の感情が支配的であり、これらの生徒が中等教育における長期の学業を開始するのは「学業がもはやそれでは足りない」時である［F. Dubet, 1991: 119］。彼らは自分の将来を制御することを思い描いており、計画のなさと非現実的な計画を表明することの間で揺れ動いているが、客観的に見て彼らに提案されるであろう、ほとんど無資格の仕事に就くことは想像していない。デュベのアプローチの限界は、学校そして時おり課程を、高校生の経験を説明するための唯一の変数として検討していることであり、それでは、ある高校における、性別や社会的出自あるいは人種に関連した差異や、また過去の学校歴や学校外での就学に関連した差異を細かく把握することはできない。

以降、数々の研究が、これらの異なる変数を関連づけ、生徒そして彼らの学校経験の多様性を説明しようとしてきた。そして、驚くべきことに、これらの研究は、ごく稀な例外をのぞき［Y. Careil, 2007］、職業教育（職業高校と見習い訓練センター）に向けられている［A. Jellab, 2008; U. Palheta, 2012; P. Kergoat, 2014; S. Depoilly, 2014］。そこには、これまで学校の社会学によってほとんど検討されてこなかったある研究分野への関心の回復の影響や、また、この教育序列の中の大多数である庶民階級への均質化しすぎる見方を壊す試みが見られる。一九八七年には、C・ボードロと共著者たちが、職業高校に就学している生徒の、就学〔や学業〕の歩みや、学校や職業的将来への関係性が多様であることを明らかにした［C. Baudelot *et al.*, 1987］。より最近では、U・パレタが、どのようにして、その大方が庶民階級出身である若者たちの、職業課程への進路選択

――彼は「島流し」と呼んでいる――が行われているのか、そして、社会的分業の中で彼らが担うよう仕向けられる下級の役割への、これらの若者の社会化がどのように行われているかについて問うた。彼は、「職業教育の経験は、単なる（統一された、常に一義の）〝必要性の関心〟への帰着とはほど遠く、流刑されたという感情、反抗的感情、そして我関せずの感情、これらが交互に起きて」おり、この中で我関せずの感情が、反学校的文化の形を規定し、これが知識の伝達という学校的ロジックの拒否として現れるのである［U. Palheta, 2012: 171］。ミカエルについての記述はこれらの両面感情を良く描写している。建設業の労働者の父とアパートの管理人の母で、二人ともポルトガルからの移民である親を持つこの男子は、ＢＥＰ（職業教育免状）「機械情報生産職業」の課程に就学しているが、彼は自分の進路選択に対して迷いを捨てた経験を持っている。彼が説明することには、第六級時点での「不当な」留年によって学業へのモチベーションが失われた。第三級を終えたら情報学の課程へ進学していると思っていたが、新学期になって彼がわかったことは、現実的にはその課程は工業課程だということだった。しかしミカエルは、職業高校へのこの入学は、学習なのかあるいは労働界に直接入るのかということに対し、職業的選択の時を延期する方法だと考えている。パレタが言うには、職業教育における教育課程の全ては、普通課程をのぞむ若者に、彼らの学業的アスピレーションをそっと喪に服させるという客観的役割を持っている。

ここでは高校生の経験の多様性を強調した。だからと言って「高校」というタームは、経験が完全に異なる生徒たちを境界により切り離した仕切られた世界それぞれをまとめているという結論を引き出すべきなのだろうか？　デュベによれば、共通点は存在するという。学校制度で彼らが占めている場所がどこであっても、調査した生徒は、漠然とした選抜や分配や序列のシステムとしてその場所を描いている。他にも、高校生の計画はいまだ大部分が学業計画であり、職業的であることは非常に稀であり、バカロレアが中心的目標に置かれ、そこでの時間はそれまでの「少々保留の」ものとして考えられている〔F. Dubet, 1991: 199〕。事実、中等教育への到達を拡大しながら、第二次教育爆発は全ての社会階級に「青年期固有の現象とそれに関連した将来の不確定さという主観的経験〔J.-Y. Rochex, 1995: 84〕を一般化したのである。

学生でいるあり方

中等教育同様、高等教育もまた増大する数の若者へ門戸を開いており、今日では一九六〇年に比べ八倍の数の学生がいる。このような学業時間の伸長は、若者の「人生の新たな年代」〔O. Galland, 1990〕の出現に貢献している。これはG・モージェ〔G. Mauger, 1995: 20-21〕が「無重力年代、不確定年代、序列年代、そして地位的につじつまの合わない年代」と述べているものである。事実、高校生、次に学生は、当初の（家族の）社会的地位から将来的地位への移行の状態にいて、職業的不確定や婚姻的不確定という、時間と共に限定されていく形を生きている。他にもJ－C・シャンボルドン〔J.-C. Chamboredon, 1991〕が、学校制度が若者でいる正当な方法を生み出し、「学生」という地位が保証的地位となり、学校的学習の一部を前提とする全ての地位（高校生、学生、見習い訓練生）を覆い隠すということを示した。生徒や学生というように若者の定義がだんだんと課されるようになったことで、「学生の選ばれる社会領域からは離れていた若者層に、行動規範と様式を普及することが促進された。すなわち、服装、食事の好み、特有の文化的実践である」。結果として、「若者文化は学生文化となり、労働者さらには農民のものである庶民的文化は非常に少数派になった」[J.-C. Chamboredon, 1991: 4]。年齢層構築における学校のこのような力は、教会や軍隊のようなその他の社会化の決定機関が同じ頃そのような力を失くしただけに、なお重要なのである。

しかし、学生の置かれた条件と経験とを画一化してはならない。この二つは彼らの社会的特徴や軌跡、また通っている教育課程によって区別されるからである。事実、高等教育の大衆化は提供される教育課程の強力な多様化を相伴い、今日では、学生の二人に一人が大学の一般課程に登録している（第二章参照）。大学、ＳＴＳ、ＩＵＴ、ＣＰＧＥ――主要な課程しか記さないが――は、そこに受け入れる人々、そこで与えられる知識の種類、面倒の見方、そこに通う女子学生や男子学生に課される時間的拘束、そして提供される労働市場における就職口によって違いがある。これらの様々な要素は各学業課程を「比較的自立している、特定の知識、実践、義務の世界」にすることに協力し［M. Millet, 2003］、その社会化効果は異なっている。ここでは三つの教育課程の違いについて検討する（表11参照）。

表11　高等教育の教育課程間におけるいくつかの相違

教育課程	管理職、上級・知的職業の子ども（％）	労働者の子ども（％）	女性（％）	授業時間、平均自習時間（申告に基づく）	学業に関係しない報酬のある活動を実施する学生の割合（％）	毎日TVを見る学生の割合（％）
CPGE	49.5	6.4	41.9	32+24	0	14.9
STS	13.8	20.4	50.2	28+10	22	48.1
大学の人文・社会科学	25.0	11.2	69.9	15+14	35	30.1
全学生	30.3	10.7	55.2	—	23	33

出典：MEN［2015a］；OVE, enquête Conditions de vie 2010［学生生活観察局、学生生活調査2010］（13万人の学生を対象に実施）

CPGEに関心を持ったM・ダルモン［M. Darmon, 2013］は、CPGEを、個人を養成し変える「包囲的な機関」として述べている。エスノグラフィ調査をもとに、彼女はこの機関がどのようにして、強力に囲い込む方策によって、生徒に勉強させているかを示している。それは、勉強の仕方を指示し、定期的な試験（「課外勉強」や筆記の宿題）を行い、序列化したり、あるいはまた競争試験を定期的に参照したりというものである。CPGEの生徒はそこで時間や緊急性という事実、時間的パニックの管理という、その後彼らが就くよう導かれる職業において実際に使われるであろう特有のこととの関係性を学ぶのである。

反対に、大学はG・フェルージス［G.

Felouzis, 2001〕により「脆弱な制度〔機関〕」と表現されたように、集団的目的を提供せず、不確実性を生み出し、そこでは個人間の関係は非常に緩い。この社会学者が調査した学生は、大講義室授業での「匿名性」や、教員との、また仲間との距離があることを強調している。S・ボー〔S. Beaud, 2002〕によれば、大学という機関のこの脆弱な社会化力は、小さな分校ではさらに弱まり、そこでは大学は彼らの学生が、地方の大きな中心部ではより多く存在しているような学生界に浸かることをさせないのである。自分の地域に住み続けながら、このような大学の分校の一つにアクセスするHLM（公営の低家賃集合住宅）出身の若者のグループを数年に渡り追ったボーは、このような近接性と、また囲い込みの弱さ、勉強する場所や大学的な社交性の場の欠如とが原因で、学生生活という異文化への同化が彼らには行われないということを示した。学問的文化との距離は維持され、その一方で彼らの多くが「地域の歴史」に囚われたままで、このことが彼らの大学における失敗を促進している。

CPGEと大学の間で、STSは中間的地位を占めている。STSが受け入れる学生の大部分は庶民階級出身のバカロレア取得者であり、S・オランジュ〔S. Orange, 2013〕が示すことによると、STSは、これらの「新しい」学生にとって、社会化と異文化への同化の決定機関の役を務めている。高校――STSは物理的にここに置かれている〔高校附設の高等教育機関である〕――と高等教育の間の移行空間として、STSには、固定された日々の時間割により強力に囲い込んだ時間という特徴があり、そこでは平日は毎日、課程により定められた長さの授業がある。ST

Sはこの時、勉強を自己強制したり、出席について自己規律を持つには至らなかったりする（あるいはそれを行えないと想像される）学生へ向けられたものとして考えられている。これらの学級はまた、学生への要求を彼らに期待される雇用の種類――中間職――へと調節することに貢献しながら、職業的アスピレーションの誘導を行う決定機関なのである。伝達される学校知識、慎ましく教授ぶった命令あるいはまた、インターンシップによる労働市場の要求との直面は、それだけに「限界の感覚」を今日化する要素として機能している。

生徒や学生の学校経験と、彼らの就学、学習、将来との関係性は、しかしながらそれぞれを独立した要素として理解することはできないし、より広い枠内である家庭内〔領域〕に位置づけなければならない。「ある一定のやり方によって、我々は家庭内で学校にいるのだ」とＪ－Ｙ・ロシェックスは述べている［J.-Y. Rochex, 1995: 9］。

家族と学校：社会的に差異のある関係性

学校の一般化はまた、家庭が取り持つ、この避けて通ることのできなくなった機関との関係性を変容させた。庶民階級の家庭の多くが学校の争点へと転向する一方で、中流階級と上流階級の家庭は、学校的戦略および教育的戦略と呼ぶのが適したものを発展させた。これらの変容は、同時に分析されることとなるが、なぜなら、すでにＰ・ブルデューが記していたように［P.

Bourdieu, 1979]、ある者が学校的投資をすることは、他の者もよりいっそう学校競争の中に身を投じることを後押しするが、それは格差を維持し、彼らの支配的地位を保つためなのである。

庶民家庭の学校的争点への転向

今日、教育社会学においてしっかりと証明されほとんど異議を唱えられないことは、この三〇年の間に、庶民階級の家庭を学校的模範という、彼らがかつてそこから排除されていただけに離れていたものに賛同するよう仕向けてきたプロセスである。しかし、この転向は学校成功を促進する方策を操作することという、緊張の源なるものを自動的には伴うことはなかった。つまり、学業に就く目的に向けて転向することで、庶民階級の家庭は常に失敗そして／あるいは学校困難に直面する傾向にあるのだ。

一九世紀末、一八八二年以降、一三歳まで義務化された学校への通学は、労働者あるいは農民の家庭では、早期の労働実践との競合的なことだった。事実、子どもを学校に送るということは、子どもがもたらすことのできる労働力と／あるいは収入力を奪われることを意味している[C.Delay, 2009]。二〇世紀の前半を通し、庶民階級の家庭が学校と持つ関係性には距離があり、学校は社会的上昇の道具となってはいなかった。労働者の子どもの大多数は、例えば小学校の修了証を取得することなく、職業的養成を受けることもなく学校を離れ、工場に入るということを覚悟しており、だからと言って特にそれで苦痛を感じることもなかった。生活条件の改善の探究は、労働者階級全体の得になるよう、何よりもまず集団的闘争によって行われた。両親が学校へ行き教員に面会することは全くなかった。学校は「他の人たち」の世界、「知らない」、潜在的に「敵対する」世界として体験された［R. Hoggart, 1957］。小学校就学だけが、だんだんと求められるものとなったが、それは小学校は、若者が早期に不法に搾取されることから逃れさせるものだったからである［J.-P. Terrail, 1990］。

一九七〇年以降、学校改革が就学課程を統一し、人生サイクルにおける学校の地位は上昇し、庶民階級の家族と学校との関係性は変わった。他にも、この頃までに、給与が上昇し、労働者の息子が、その父親と同じ職業に就きながらも、父親よりも、より早く稼ぐことができるようになった。そして経済危機がこの可能性とともに終わった［C. Baudelot et R. Establet, 2000］。労働条件の低下と、多くの者に失業が拡大したことで、庶民階級が学校計画へと転向するプロセスが強化された。これ以後、学校のおかげで社会移動の希望は子どもに置かれるようになった。そうすることで、「集団的上昇」という理想は、学校による個人の救済の探究のために消え去ったのである。

庶民階級の家庭における学校的争点への転向は、客観的効果ももたらした。一九九二年から二〇〇三年の間、労働者世帯における、子どもへの学習支援の平均時間は、子ども一人につき、一日につき二五分から一時間へと増加した［T. Poullaouec, 2010］。他にも、労働者世帯における学校についての会話は増え、就学は庶民階級におけるコンフリクトの一番の源となっている［C.

Delay, 2009]。しかし、庶民階級の生徒たちの相対的な学業状況は改善されていない。
実際、庶民階級が学校的争点を我がものとしたとしても、彼らはそれほどまでにはゲームのルールを必ず実行しているわけではない。そこで生じている学校的な関わり合いの様式は多様化していて、「過剰投資」[B. Lahire, 1995] や撤退 [P. Périer, 2005]、その間の「境界的投資」に変わることができる。つまり、学校的作業（特に、宿題の確認、練習問題の暗唱）の規則性に関わる者のために全てを学校にゆだねながら、就学の「境界的」条件（机を片付け、勉強道具を買い、励ますなど）に関わるということである [J. Cayouette-Remblière, 2009]。学校的争点に関し強力に活動したいくつかの庶民階級へ実施した、家での宿題についての一調査において、S・カクポ [S. Kakpo, 2012] は、両親は、中学生の子どもの学校の勉強を手伝おうとする時、学校の「ため」と同時に学校「に対して」働いているということを示している。例えば、両親にとって理解できない宿題は、しばしば暗記の練習へと変わるが、これは子どもを「二重の苦痛」へと差し向けているという。それは、（1）わからないので学級に「良くできていない」宿題とともに戻る、（2）子どもにとって意味のない練習を記憶しなければならないということである。J－M・ドゥケロズ [J.-M. de Queiroz, 1981] は、生徒の親によっては、「方向を見失って」いる人々がいて、それはなぜなら、学校や自分たちの子どもの学習を理解するにあたり自分たちの経験を投資することはもはやできないからである、ということを説明している。一九八〇年代の子どもが学校で享受していた教授実践は、しだいにそれが不可視化されることによって、彼らの両親が知っている教授実践とは異なっている［B. Bernstein, 1975］。つまり、知識の対象は、しばしば多様で汎用的なアクティビティの中に蒸留され分離していて、同定するのがだんだんと難しくなっている（第三章参照）。以来、これらの見えない教授法の占める場所が増え、同時に、小学校は――「宿題」によって――いくつかの典型的な「見える教授法」の方策（ディクテーション、暗唱、掛け算の暗記など）を家族へと提示しており、この時学校は両親に、現代の教授における現実の「変形した鏡」を表示している［S. Kakpo, 2012］。子どもが中学に入学する際、これらの両親は、そうであるだけにいっそう方向を見失ってしまうが、それは彼らの生徒としての経験も、彼らの子どもが小学生だった時に行った経験も参照することはできないからである。

中流階級と上流階級の親たち：「学校の消費者」？

庶民階級に関する研究は学校計画へと転向していく歴史的な動きを説明しているが、中流階級および上流階級を扱った研究はもっともしばしば、家族が学校へ投資をするのは自然のことのように言っている。中流階級に関しては、一九世紀になると、「免状のあるプチ・ブルジョワジー」（医者、法律職、「小公務員」）が、自分たちの経済資本の弱さの埋め合わせるために、学校的肩書きの獲得の周りに形成され［C. Charle, 1991］、この現象は栄光の三〇年（第二次大戦終了後の三〇年間）の間に強化されている［P. Bourdieu, 1979; C. Bidou, 1984］。しかし、より伝統的ないくつかの少数派グループ、特に職人や商人あるいはまた技術者は、長い間学校から距離をおいてきた。上流階級については、文化的あるいは「知的」階級と経済的階級、あるいは「テクノクラート」に分かれていて［A. Van Zanten, 2009］、長いこと学校を通すことなく彼らの再生産は保証されていた。ところが、一九世紀末より、これらの経済的エリートの、経済、社会、文化資本は十分ではなくなり、上流階級の経済的フリンジ〔額縁の飾り〕もまた、学校制度へと向いたのである［P. Bourdieu *et al.*, 1973; C. Charle, 1991］。

現代の研究では、これらの異なる階級や階級の一部はしばしば、彼らをまとめたカテゴリーで研究されている。これらの集団は、R・バリオン［R. Ballion, 1982］以来、「学校の消費者」と呼ばれ、彼らは、自分の子どもが最良の就学の道のりを行くために、多様な戦略をすぐに取り入れている。学校的戦略は、現在までのところ、中学校の選択について最も研究されている。学区制により統御されたシステム〔第四章参照〕の中で、家族の行動における一番の差異は、居住地選択に関係している。例えば、中流階級および上流階級についての研究の中で、M・オベルティ［M. Oberti, 2007］は、居住地選択において学校に関する側面が「重要な考慮」に入れられていることを記している。とりわけ上流階級で、この点に関し行動の範囲が財政的な面で制約を受けることが最も少ないという。この結果は、G・ファックとJ・グルネ［G. Fack et J. Grenet, 2010］という経済学者の研究に反響を与えたが、この研究が見積もったところによれば、パリでは、一九九七年から二〇〇四年の間に学区制が不動産価格へ顕著に影響を与えており、学区の中学校が修了証取得で良い成績をあげている地域では、私立学校を頼ったり、あるいは特別措置の申請を出したりすることが引き起こされている［L. Barrault, 2013］。

中学校の選択に関するこのような学校的戦略の広がりは、一つには、学校へ寄せられる親たちからの期待があり、もう一方では、社会的混成と彼らの関係性がある。中流階級および上流階級の親たちにおける就学選択について研究したA・ヴァンザンタン［A. Van Zanten, 2009］は、親たちを三つの極に区別している。ある親は、子どもの省察的発展を学校から期待している。つまり、彼らは学科や現代文化の構成の観点で文化的に「バランスの取れた」養成を望んでおり、学校と子どもが通う学級の学業的「水準」に特に注意深いことがわかる。二つ目の親の極は学校が「表現的に猶予を与える」役割を担うことを望んでいる。すなわち、「フォーマットにはめこむ」ことの反対で、学校は生徒から彼らの「可能性」を発見し、若者の時間を活用しなければならない。最後に、その他の両親は、より多数派であるが、学校制度に対し道具づかい的な関係性を持っている。つまり、彼らは、学校が進める序列化、学校の生み出す雇用可能な個人と資格の生産に期待している。これらの最後の人々は、G・ゴンベールが学校との関係性を研究した「私的セクター」の管理職や職業人」に近いと考えられる［P. Gombert, 2008］。実施した半構造化インタビューをもとに、彼は実際に、道具づかい的な関係性の中で学校に（過剰）に信頼をよせる人々が、学校制度に対し、いっそうの序列、選抜、優秀者への褒賞のための圧力をかけ、百科事典的な知識は英語や情報テクノロジーよりも重要度が劣ることを望むに至っていることを明らかにした。ゴンベールは同様に、学校制度と彼らの関係性は、庶民階級と距離をとることが必要である、というアイデンティティの不安の始まりとして解釈されうることを示した。

学校との一定の社会的中間にいる自らに価値づけをするこれらの親たちの対照にあって、反対の立場も矛盾していないことはない。すなわち、公式に混成を擁護する親たちは、このうちの一人が明言しているように、時折「(彼らの)思想のために(彼らの)子どもたちを国民教育省の祭壇の上で犠牲にする」ことを拒む[M. Oberti, 2007: 218]。他のケースでは、混成を受容することで、学校は「植民地の戦略」を兼ね備えることになる[A. Van Zanten, 2001]、つまり重要な投資――例えば生徒の親たちのアソシアシオン経由での――や、就学条件の徹底的な追跡は、学校内部の社会的境界の再構成へ導くことがある。

中流階級および上流階級の親たちの戦略は、彼らの子どもの学業成功を保証するために多かれ少なかれ意識的に行われる特別な教育実践の形式をとることがある。これがF・デュベとD・マルチュセリ[F. Dubet et D. Martuccelli, 1996]が述べる「娯楽の教育化」であり、また同様に学業追跡、学校困難への医療的方法の適用(コラム⑭参照)、さらには学校的要求の予測のケースである。例えばこれは中流階級と上流階級の「経済資本」極で、そのほとんどの親たちが、自分たちの子どもが「年齢より早く(飛び級)」文字を読めるようになるよう努めているのである[A. Van Zanten, 2009; S. Garcia, 2013]。

コラム⑭ 学業失敗への医学的方法の適用

一九七五年にF・ミュエルが発表した論文は、今日なお参照されているが、この中で彼女は一六歳までの義務教育期間の延長と、発達が「遅れて」おり不適応とみなされる子どもたちを指す「異常がある子」というカテゴリーの出現とを関連づけ、これが「医療的教授法という新しいイデオロギー装置」の開発のきっかけとなった［F.Muel, 1975:69］としている。

ごく最近では、社会学者がこの研究分野に力を注いでおり、二〇〇〇年代以降、学業困難の扱いにおける医療心理学の重要性の高まりがあることを示している。S・モレル［S. Morel, 2014］は、一九六〇年代から一九八〇年代まで優勢だった社会学的あるいは教育学的説明に代わり、学業困難を正当的に解釈できる装置として医療心理学的教訓が徐々に課される歴史を辿っている。それによれば、専門職――言語治療士――団体の創出と、子どもの早期学業困難を心配する両親の運動が、医療心理学的説明（「特定の学習障害」）に力を注ぎ「［彼らの］子どもの立場」のために働きかけたという。

互いに補完的であるS・ガルシア［S. Garcia, 2013］とW・リニエ［W. Lignier, 2012］の研究は、二つの医療的カテゴリー、すなわち、「ディスレクシア［読み書き障害］」および「早熟な子ども」を解体することへ向けられているが、これは、両親（ごく稀に教員も）を、これらを参照するように仕向ける条件を説明するためである。

例えばガルシアは、ディスレクシアの増加を、子どもを文学の「浴槽」に浸けるために、結合関係の学習（初歩的なつづりの学習）を疎かにするという読解の学習方法の変容に注意を向けることなくして研究することはできないということを示した。医療心理学の提供の高まりと、学業不安の増大とに結びつき、解読困難は結果として、一部の親たちに〔学習困難を示す子どもの〕兆候を症状と解釈させ、「ディスレクシア」のカテゴリーを、最後の手段あるいは方策としての、さらに常に学校制度および烙印を押す判定に対する「反権力」としての地位を与えることへ仕向けた。知的早熟がとりわけ上流階級を指すのであれば［W. Lignier, 2012］、ディスレクシアは中流階級を指す［S. Garcia, 2013］。どちらも特に文化資本よりも経済資本をより備えた階級の一部に関するものである。

終章

「我々が利用するものであってもそうではないものであっても、全ての外へ現れた制度の中で、学校制度は唯一、そこから本当に自由になることができず、それから逃れることのできないものである」[J.-M. de Queiroz, 1981: 200]

教育制度が一九六〇年代以降、大きな変容を遂げたにもかかわらず、学校における社会的不平等はほとんど減少していない。庶民階級の子どもの多くが就学期間を通して重大な困難に面しているし、女子は男子より成功し、移民出身の子どもは他の子どもよりも成功せず、しかし同じ社会的出自の他の子どもよりは、成功する。これらの要素は全て相互に連関している――その結果、無職の親を持つ男子の二八%がバカロレアを取得するのに対し、教員を親に持つ女子ではその率は九二%である――そして今では高等教育までこのことは続いている。

これと並行して我々の社会では学校と免状《ディプロム》の占める場所が増大している。学校的不平等が進路選択や早期離学の形を取ることはだんだんと少なくなり、その代わりに、差異化された歩みという形によって学校制度のまさにその中に現れている。だから、学業失敗をしている生徒の家族がア・プリオリに学校システムからの排除を予測することは少ないものの、むしろしだいに彼らの野心を下げる方向へ調整を行い、失望を重ねてしまうのである。排除は今では先延ばしにされており、「排除された者」は学校制度の中に残っている。学校はしたがって全ての個人に対し、いっそう強力で継続的なしるしを刻みつけている。

しかしながら、学校政策も、いくつかの学校制度のエージェンシーによる熱意も、社会的格差を縮少してはいないようである。それどころか、平等化を目的としたいくつかの政策あるいは教員の実践は、最も恵まれない人々の学校的排除に協力していることをここまで見てきた。それが学区制からの逃れのケースであり、また、自分たちの生徒がより理解できるとの想定で行われる「見えない教授法」そして／あるいは、知識の小さなタスクへの細分化という傾向に向かう教員の実践である。

こうして学校はかつてないほどに社会的不平等及びその正当化に協力している。確かに、差別感や学校的不公平感は存在している。しかし、就学期間の延長、学校制度外も含む学校様式の普及、そして絶えず意識させられる免状の重み、これらは学校および学校が生み出す支配の「正当性を信じること」[M. Weber, 1922] を保証している。〔学校〕失敗にある生徒は、自分の置かれたその状況の責任は自分にあると考え、そして庶民の家庭は、彼らの〔家庭における〕教育の仕方が不当とされる、あるいは相応しくない様式の下に生きているのである [D. Thin, 1998]。

すなわち学校の社会学者が学校制度に向けた総括は十分に悲観的である。しかし、だからといって、悲観主義を決定論と混同してはならないし、この制度が避け難く凝り固まっているという考えとも混同してはならない。このような考えとは反対に、発表される研究の精巧さは、社会が決まってしまっているものではないという特徴を考慮に入れている。例えば、Ｂ・ライール［B. Lahire, 1995］は、子どもの就学へ影響を及ぼす社会的集団の中にも差異があることを示しているし、Ｓ・ブロッコリシ［S. Broccolichi, 2009］は、生徒の個人的特性と彼らが置かれた就学条件の間には相互作用効果があり、そのことで、一定のケースにおいて、学業に効果のある動きのダイナミクスが生み出され得ることを強調している。マクロ社会学的変数の重みは、どのケースにおいても必ず、その変数は相互作用および状況というあらかじめ決定されてはいないものへ影響を及ぼすから作用しているのでしかない、ということを忘れさせない。しかも、ここで行った総括は、学校が凝り固まった制度どころか、その逆で、学校は変容しながら、社会的不平等を再生産および正当化し続けている、ということを思い出させることができるように思われる。これらの変容を社会学によって研究することで、その変容とは社会の構築でしかないということが思い起こされるし、Ｐ・ブルデューが述べるように［P. Bourdieu(dir.), 1993: 944］、「社会が行うことは、社会がこの知識を備え持っているゆえ、それを壊すことができる」のである。

PUL.
VINCENT S. (2001), *Le jouet et ses usages sociaux*, Paris, La Dispute.
VOUILLOT F. (2007), « L'orientation aux prises avec le genre », *Travail, genre et sociétés*, n° 18, pp. 87-108.
WEBER M. (1922), *Économie et société*, Paris, Pocket, 2003.
WILLIS P. (1977), *L'école des ouvriers. Comment les enfants d'ouvriers obtiennent des boulots d'ouvriers*, Marseille, Agone, 2011.（=1985、P・ウィリス、熊沢誠・山田潤訳『ハマータウンの野郎ども：学校への反抗・労働への順応』筑摩書房）
YOUNG M. (dir.) (1971), *Knowledge and control. New directions for the sociology of education*, London, Collier-Macmillan.
ZAIDMAN C. (1996), *La mixité à l'école primaire*, Paris, L'Harmattan.
ZEROULOU Z. (1988), « La réussite scolaire des enfants d'immigrés : l'apport d'une approche en termes de mobilisation », *Revue française de sociologie*, vol. 29, n° 3, pp. 447-470.

contemporaines, n° 25, pp. 67-83.

TESTANIÈRE J. (1967), « Chahut traditionnel et chahut anomique », *Revue française de sociologie*, vol. 8, n° spécial, pp. 17-33.

THÉLOT C. (1994), « L'origine sociale des enseignants », *Éducation et formations*, n° 37, pp. 19-21.

THIN D. (1998), *Quartiers populaires. L'école et les familles*, Lyon, PUL.

THIN D. (2010), *Milieux populaires et logiques socialisatrices dominantes : une analyse de la confrontation*, Habilitation à diriger des recherches, Université Lumière Lyon 2.

TIBERJ V. (2011), *Sciences Po, dix ans après les Conventions Education Prioritaire*, Paris, Sciences Po.

TRANCART D. (1998), « L'évolution des disparités entre collèges publics », *Revue française de pédagogie*, n° 124, pp. 43-53.

TROGER V. (1989), « Les centres d'apprentissage de 1940 à 1960 : le temps des initiatives », *Formation Emploi*, n° 27-28, pp. 147-162.

TROGER V. (2002), « L'identité perdue des enseignements techniques et professionnels », in MOREAU G. (dir.) *Les Patrons, l'État et la formation des jeunes*, Paris, La Dispute, pp. 51-64.

TSCHIRHART A. (2013), « Des surveillants généraux aux conseillers principaux d'éducation : histoire d'un héritage », *Carrefours de l'éducation*, n° 35, pp. 85-103.

VALLET L.-A. et CAILLE J.-P. (1996), « Les élèves étrangers ou issus de l'immigration dans l'école et le collège français. Une étude d'ensemble », *Les dossiers d'Éducation et Formations*, n° 67, DEP.

VALLET L.-A., CAILLE J.-P. (2000), « La scolarité des enfants d'immigrés », in VAN ZANTEN A. (dir.), *L'école : l'état des savoirs*, Paris, La Découverte, pp. 293-301.

VAN ZANTEN A. (2001), *L'école de la périphérie. Scolarité et ségrégation en banlieue*, Paris, PUF.

VAN ZANTEN A. (2009), *Choisir son école. Stratégies familiales et médiations locales*, Paris, PUF.

VAN ZANTEN A. (2011), *Les politiques d'éducation*, Paris, PUF.

VASCONCELLOS M. et BONGRAND P. (2013), *Le système éducatif*, Paris, La Découverte, 5e édition.

VINCENT G. (1980), *L'école primaire française. Étude sociologique*, Lyon,

Dispute, pp. 123-139.
ROCHEX J.-Y. (2000), « La "théorie"du handicap socio-culturel : une explication ethnocentriste, qui n'explique rien », *Dialogue*, n° 96-97, pp. 6-10.
ROCHEX J.-Y. (2010), « Les trois "âges" des politiques d'éducation prioritaire : une convergence européenne ? », in BEN AYED C. (dir.), *L'école démocratique. Vers un renoncement politique ?*, Paris, Armand Colin, pp. 94-108.
ROPÉ F. et TANGUY L. (1994), *Savoirs et compétences. De l'usage de ces notions dans l'école et l'entreprise*, Paris, L'Harmattan.
ROSENTHAL R. et JACOBSON L. (1968), *Pygmalion in the classroom: teacher expectation and pupils' intellectual development*, New York, Holt, Rinehard& Winston.
RYCHEN D.S., SALGANIK L.H.(2003), *Key Competencies for a Successful Life and a Well Functioning Society*, Hogrefe & Huber Publishers.（=2006、D.S.ライチェン、L.H.サルガニク編『キー・コンピテンシー――国際標準の学力をめざして』明石書店）
SAFI M. (2013), *Les inégalités ethno-raciales*, Paris, La Découverte, « Repères ».
SANTELLI E. (2016), *Les Descendants d'immigrés*, Paris, La Découverte, « Repère ».（=2019、E・サンテリ、園山大祐監修、村上一基訳『現代フランスにおける移民の子孫たち――都市・社会統合・アイデンティティの社会学』明石書店）
SAWICKI F. (2012), « Pour une sociologie des problématisations politiques de l'école », *Politix*, n° 98, pp. 7-33.
SCHWARTZ O. (1998), *La notion de « classes populaires »*, Habilitation à diriger des recherches en sociologie, Université de Versailles-Saint-Quentin-en-Yvelines.
SIBLOT Y., CARTIER M., COUTANT I., MASCLET O. et RENAHY N. (2015), *Sociologie des classes populaires contemporaines*, Paris, Armand Colin.
TANGUY L. (1983), « Les savoirs enseignés aux futurs ouvriers », *Sociologie du travail*, n° 3, pp. 336-354.
TANGUY L. (1991), *L'enseignement professionnel en France. Des ouvriers aux techniciens*, Paris, PUF.
TERRAIL J.-P. (1990), *Destins ouvriers, la fin d'une classe ?*, Paris, PUF.
TERRAIL J.-P. (1997), « La sociologie des interactions famille/école », *Sociétés*

パラドックス」園山大祐編『フランス社会階層と進路選択』勁草書房：128-140頁に一部収録）
POULLAOUEC T. et LEMÊTRE C. (2009), « Retours sur la seconde explosion scolaire », *Revue française de pédagogie*, n° 167, pp. 5-11.
PROST A. (1968), *Histoire de l'enseignement en France (1800-1967)*, Paris, Armand Colin.
PROST A. (1985), « "Travaillez, sinon vous serez orientés" : essai sur les difficultés actuelles des collèges et lycées français », *The French Review*, vol, 58, n° 6, pp. 793-804.
PROST A. (1986), *L'enseignement s'est-il démocratisé ?*, Paris, PUF.
PROST A. (1997), *Éducation, société et politique. Une histoire de l'enseignement de 1945 à nos jours*, Paris, Seuil.（=本書第4章は、A・プロ (2016)「学校と社会階層」園山大祐編『教育の大衆化は何をもたらしたか』勁草書房：99-123頁に所収）
PUDAL B. (2008), « Ordre symbolique et système scolaire dans les années 1960 », in DAMAMME D., GOBILL B., MATONTI F. et PUDAL B. (dir), *Mai-Juin 1968*, Paris, Éditions de l'Atelier, pp. 62-74.
QUEIROZ J.-M. DE (1981), *La désorientation scolaire*, Thèse de IIIe cycle de sociologie, Paris 8.
QUEIROZ J.-M. DE (2005), « Postface », in PÉRIER P., *École et familles populaires. Sociologie d'un différend*, Rennes, PUR, pp. 207-216.
RAVINET P. (2009), « Comment le processus de Bologne a-t-il commencé ? La formulation de la vision de l'espace européen d'enseignement supérieur en 1998 », *Éducation et sociétés*, n° 24, pp. 29-44.
RAYOU P. et VAN ZANTEN A. (2004), *Enquête sur les nouveaux enseignants. Changeront-ils l'école ?*, Paris, Bayard.
RENARD F. (2009), « Des lectures lycéennes inopportunes en contexte scolaire », *Revue française de pédagogie*, n° 167, pp. 25-36.
RIGNAULT S. et RICHET P. (1997), *Rapport au Premier Ministre sur la représentation des hommes et des femmes dans les livres scolaires*, Paris.
ROBERT B. (2009), *Les politiques d'éducation prioritaire. Les défis de la réforme*, Paris, PUF.
ROCHEX J.-Y. (1995), *Le sens de l'expérience scolaire*, Paris, PUF.
ROCHEX J.-Y. (1997), « Les ZEP : un bilan décevant », in TERRAIL J.-P. (dir.), *La scolarisation de la France. Critique de l'état des lieux*, Paris, La

OBERTI M. (2007), *L'école dans la ville. Ségrégation-mixité-carte scolaire*, Paris, Sciences Po.

OBERTI M. (2013), « Politique "d'ouverture sociale", ségrégation et inégalités urbaines : le cas de Sciences Po en Île-de-France », *Sociologie*, vol. 4, n° 3, pp. 269-289.

OBERTI M., SANSELME F. et VOISIN A. (2009), « Ce que Sciences Po fait aux lycéens et à leurs parents : entre méritocratie et perception d'inégalités. Enquête dans quatre lycées de la Seine-Saint-Denis», *Actes de la recherche en sciences sociales*, vol. 180, pp. 102-124.

ŒUVRARD F. (1979), « Démocratisation ou élimination différée. Note sur l'évolution du recrutement social de l'enseignement secondaire en France, entre 1958 et 1976 », *Actes de la recherche en sciences sociales*, vol. 30, n° 1, pp. 87-97.

ORANGE S. (2013), *L'autre enseignement supérieur. Les BTS et la gestion des aspirations scolaires*, Paris, PUF.

PALHETA U. (2012), *La domination scolaire. Sociologie de l'enseignement professionnel et de son public*, Paris, PUF.

PATY D. (1981), *Douze collèges en France*, Paris, La documentation française.

PAYET J.-P. (1997), « Le "sale boulot". Division morale du travail dans un collège de banlieue », *Les Annales de la Recherche Urbaine*, n° 75, pp. 19-31.

PELTIER-BARBIER M.-L. (dir.) (2005), *Dur d'enseigner en ZEP : analyse des pratiques de professeurs des écoles enseignant les mathématiques en Réseaux d'éducation prioritaire*, Grenoble, La Pensée sauvage.

PÉRIER P. (2005), *École et familles populaires. Sociologie d'un différend*, Rennes, PUR.

PIRONE F. et RAYOU P. (2012), « Nouveaux internes, anciens décrocheurs : de l'évolution de la forme scolaire », *Revue française de pédagogie*, n° 179, pp. 49-62.

PONS X. (2010), *Évaluer l'action éducative. Des professionnels en concurrence*, Paris, PUF.

POUCET B. (2009), *La liberté sous contrat. Une histoire de l'enseignement privé*, Paris, Fabert.

POULLAOUEC T. (2010), *Le diplôme, arme des faibles. Les familles ouvrières et l'école*, Paris, La Dispute.（=2018、T・プーラウエック「家族支援の

MINGAT A. (1987), « Sur la dynamique des acquisitions à l'école élémentaire », *Revue française de pédagogie*, n° 79, pp. 5-14.

MINGAT A. (1994), « Lieux, contextes et différenciations sociales à l'école », in BRUN J. et RHEIN C. (dir.), *La ségrégation dans la ville*, Paris, L'Harmattan, pp. 163-179.

MOISAN C. (2001), « Les ZEP : bientôt vingt ans », *Éducation et formations*, n° 61, pp. 13-22.

MOISAN C. et SIMON J. (1997), *Les déterminants de la réussite scolaire en zone d'éducation prioritaire*, Inspection générale de l'administration de l'Éducation nationale, Ministère de l'enseignement supérieur et de la recherche.

MONIN N. (2007), « Crise de l'école et division des tâches dans l'enseignement secondaire », *Éduquer*, n° 15, journals.openedition.org/rechercheseducations/245

MONS N. et PONS X. (2013), « Pourquoi n'y a-t-il pas eu de "choc PISA" en France ? Sociologie de la réception d'une enquête internationale (2001-2008) », *Revue française de pédagogie*, n° 182, pp. 9-18.

MOREL S. (2014), *La médicalisation de l'échec scolaire*, Paris, La Dispute.

MOSCONI N. (1987), « La mixité dans l'enseignement technique industriel, ou l'impossible reconnaissance de l'autre », *Revue française de pédagogie*, n° 78, pp. 31-42.

MOSCONI N. (1994), *Femmes et savoir. La société, l'école et la division sexuelle des savoirs*, Paris, L'Harmattan.

MOSCONI N. (2001), « Comment les pratiques enseignantes fabriquent de l'inégalité entre les sexes ? », *Les Dossiers des sciences de l'éducation*, n° 1.（=2022、N・モスコニ、田川千尋訳「教師の実践はどのようにして性別間不平等を作り出すか？」園山大祐編『教師の社会学』勁草書房：223-235頁）

MUEL F. (1975), « L'école obligatoire et l'invention de l'enfance anormale », *Actes de la recherche en sciences sociales*, vol. 1, n° 1, pp. 60-74.

MUSSELIN C. (2008), *Les universitaires*, Paris, La Découverte, « Repères ».

NOIRIEL G. (1988), *Le creuset français. Histoire de l'immigration*, Paris, Seuil.（=2015、G・ノワリエル、大中一彌・川崎亜紀子・太田悠介訳『フランスという坩堝: 一九世紀から二〇世紀の移民史』法政大学出版局）

MAUGER G. (2015), *Âges et Générations*, Paris, La Découverte, « Repères ».
MAYEUR F. (1979), *L'éducation des filles en France au XIXe siècle*, Paris, Hachette.
MEN (Ministère de l'éducation nationale) (2014), *Géographie de l'école*, n° 11.
MEN (2015a), *Repères et références statistiques*, https://www.enseignementsup-recherche.gouv.fr/cid92179/reperes-et-references-statistiques-edition-aout-2015.html
MEN (2015b), *Bilan social 2013-2014*, https://www.education.gouv.fr/sites/default/files/imported_files/document/t-l-charger-le-bilan-social-2013-2014-partie-1---minist-re-de-l-ducation-nationale-481.pdf, https://www.education.gouv.fr/sites/default/files/imported_files/document/t-l-charger-le-bilan-social-2013-2014-partie-2---enseignement-sup-rieur-et-recherche-482.pdf
MERLE P. (2000), « Le concept de démocratisation scolaire : une typologie et sa mise à l'épreuve », *Population*, vol. 55, n° 1, pp. 15-50.
MERLE P. (2009), *La démocratisation de l'enseignement*, Paris, La Découverte, « Repères » nouvelle édition.
MERLE P. (2011), « La carte scolaire et son assouplissement. Politique de mixité sociale ou de ghettoïsation des établissements », *Sociologie*, vol. 2, n° 1, pp. 37-50.
MERLE P. (2012), *La ségrégation scolaire*. Paris, La Découverte.
MEURET D. (1994), « L'efficacité de la politique des zones d'éducation prioritaire dans les collèges », *Revue française de pédagogie*, n° 109, pp. 41-64.
MEURET D. et ALLUIN F. (1998), « La perception des inégalités entre élèves par les enseignants du second degré », *Éducation et formations*, n° 53, pp. 67-81.
MILLET M. (2003), *Les étudiants et le travail universitaire. Étude sociologique*, Lyon, PUL.
MILLET M. et MOREAU G. (dir.) (2011), *La société des diplômes*, Paris, La Dispute.
MILLET M. et THIN D. (2005), *Ruptures scolaires. L'école à l'épreuve de la question sociale*, Paris, PUF.（=2016、M・ミエ, D・タン「学校離れを生みだすもの」園山大祐編『教育の大衆化は何をもたらしたか』勁草書房：80-98頁に一部収録）

LELIÈVRE C. (1991), *Histoire des institutions scolaires (depuis 1789)*, Paris, Nathan.

LELIÈVRE C. (2008), « État éducateur et déconcentration administrative », *Carrefours de l'éducation*, n° 26, pp. 41-50.

LEMAIRE S. (2012), « Les parcours dans l'enseignement supérieur : devenir après le baccalauréat des élèves entrés en sixième en 1995 », *Note d'information*, n° 12. 05, Ministère de l'éducation nationale, de l'enseignement supérieur et de la recherche.

LEMBRÉ S. (2016), *Histoire de l'enseignement technique*, Paris, La Découverte, « Repères ».

LIGNIER W. (2012), *La petite noblesse de l'intelligence. Une sociologie des enfants surdoués*, La Découverte, Paris.

LIGNIER W. et PAGIS J. (2012), « Quand les enfants parlent l'ordre social. Enquête sur les classements et jugements enfantins », *Politix*, n° 99, pp. 23-49.

LLOBET A. (2012), « La neutralisation de la réforme de l'éducation prioritaire. Un collège face au dispositif "ambition-réussite" », *Gouvernement et action publique*, n° 3, pp. 77-99.

LORCERIE F. (2010), « Le faux départ des ZEP » in BROCCOLICHI S., BEN AYED C. et TRANCART D. (dir.), *École : les pièges de la concurrence. Comprendre le déclin de l'école française*, Paris, La Découverte, pp. 37-56.

MAILLARD F. (2015), *La fabrique des diplômes*, Lormont, Le Bord de l'eau.

MAROY C. (2006), *École, régulation et marché. Une comparaison de six espaces scolaires locaux en Europe*, Paris, PUF.

MARRY C. (2001), « Filles et garçons à l'école : du discours muet aux controverses des années 1990 », in LAUFER J., MARRY C., MARUANI M. (dir.), *Masculin - Féminin : questions pour les sciences de l'homme*, Paris, PUF, pp. 25-42.

MASSON P. (1999), *Les coulisses d'un lycée ordinaire*, Paris, PUF.

MASSON P. (2008), *Faire de la sociologie. Les grandes enquêtes françaises depuis 1945*, Paris, La Découverte, « Grands Repèrs/Guides ».

MATHEY-PIERRE C. (1983), « La différence institutionnalisée », *Cahiers du Centre d'études de l'emploi*, Paris, PUF.

MAUGER G. (1995), « Jeunesse : l'âge des classements », *Recherches et Prévisions*, n° 40, pp. 19-36.

Sociologie de l'enseignement secondaire français, Paris, PUF.

JAGGERS C. (2014), « Les bacheliers 2008 entrés dans l'enseignement supérieur : où en sont-ils la quatrième année ? », *Note d'information*, n° 14. 03, Ministère de l'éducation nationale, de l'enseignement supérieur et de la recherche.

JELLAB A. (2008), *Sociologie du lycée professionnel. L'expérience des élèves et des enseignants dans une institution en mutation*, Toulouse, Presses Universitaires du Mirail.

JOIGNEAUX C. (2009), « La construction de l'inégalité scolaire dès l'école maternelle », *Revue française de pédagogie*, n° 169, pp. 17-28.

JONES K. (dir.) (2008), *L'école en Europe. Politiques néolibérales et résistances collectives*, Paris, La Dispute, 2011.

KAKPO S. (2012), *Les devoirs à la maison. Mobilisation et désorientation des familles populaires*, Paris, PUF.

KERGOAT P. (2014), « Le travail, l'école et la production des normes de genre. Filles et garçons en apprentissage », *Nouvelles questions féministes*, vol. 33, n° 1, pp. 16-34.

KHERROUBI M. et ROCHEX J.-Y. (2002), « La recherche en éducation et les ZEP en France. Politique ZEP, objets, postures, et orientations de recherche », *Revue française de pédagogie*, n° 140, pp. 103-132.

LAHIRE B. (1995), *Tableaux de familles. Heurs et malheurs scolaires en milieu populaire*, Paris, Gallimard/Seuil, « Hautes études ».

LAHIRE B. (2007), « Fabriquer un type d'homme "autonome" : analyse des dispositifs scolaires », in *L'esprit sociologique*, Paris, La Découverte, pp. 322-347.

LANGOUËT G. et LÉGER A. (1991), *Public ou privé ? Trajectoires et réussites scolaires*, La Garenne-Colombes, L'espace européen.

LAPARRA M. (2011), « Les ZEP, miroir grossissant des évolutions et contradictions du système éducatif français », *Revue française de pédagogie*, n° 177, pp. 47-60.

LAVAL C., VERGNE F., CLÉMENT P., DREUX G. (2011), *La nouvelle école capitaliste*, Paris, La Découverte.

LEHNER P. (2017), *Les conseillers d'orientation dans l'enseignement secondaire (1959-1993) : un métier « impossible » ?*, thèse de science politique, Université Paris Ouest Nanterre La Défense.

scolaires. Étude d'un groupe contrasté de collèges "performants" et "peu performants" », *Éducation et formations*, n° 22, pp. 31-46.

GROSSETI M. et LOSEGO P. (2003), *La territorialisation de l'enseignement supérieur et de la recherche, France, Espagne, Portugal,* Paris, L'Harmattan.

GUILLAUME F.-R. (2000), « Conditions de vie et de travail des enseignants », *Éducation et formations*, n° 56, pp. 77-85.

HARLÉ I. (2010), *La fabrique des savoirs scolaires*, Paris, La Dispute.

HOGGART R. (1957), *La culture du pauvre*, Paris, Minuit. 1970.（=1986、R・ホガート、香内三郎訳『読み書き能力の効用』晶文社アルヒーフ）

HUGHES E. (1996), *Le regard sociologique. Essais choisis*, Paris, EHESS.

HUGRÉE C. (2010), « "Le Capes ou rien ?" Parcours scolaires, aspirations sociales et insertions professionnelles du "haut" des enfants de la démocratisation scolaire », *Actes de la recherche en sciences sociales*, vol. 183, pp. 72-85.

ICHOU M. (2013), « Différences d'origine et origine des différences : les résultats scolaires des enfants d'émigrés/immigrés en France du début de l'école primaire à la fin du collège », *Revue française de sociologie*, vol. 54, n° 1, pp. 5-52.（=2018、M・イシュー、村上一基訳「移民の子どもの小学校入学から中学校までの学業成績の差異」園山大祐編『フランスの社会階層と進路選択』勁草書房：253-272頁に一部収録）

ICHOU M. et OBERTI M. (2014), « Le rapport à l'école des familles déclarant une origine immigrée : enquête dans quatre lycées de la banlieue populaire », *Population*, vol. 69, n° 4, pp. 617-657.

ICHOU M. et VALLET L.-A. (2013), « The relative importance of achievement and tracking decisions in creating educational inequalities : change over four decades in France », in JACKSON M. (dir.), *Determined to Succeed ? Performance versus choice in educational attainment*, Stanford, Stanford University Press, pp. 116-148.

ISAMBERT-JAMATI V. (1967), « Permanence ou variations des objectifs poursuivis par les lycées depuis cent ans », *Revue française de sociologie*, vol. 8, n° spécial, pp. 57-79.

ISAMBERT-JAMATI V. (1969), « Une réforme des lycées et collèges. Essai d'analyse sociologique de la réforme de 1902 », *L'Année sociologique*, vol. 20, pp. 9-60.

ISAMBERT-JAMATI V. (1970), *Crises de la société, crise de l'enseignement.*

pédagogie, n° 169, pp. 5-15.

GARNIER P. (2010), « Transformations de la collaboration entre les enseignants et le personnel de service à l'école maternelle : entre principes et pratiques », *Les sciences de l'éducation*, vol. 43, n° 1, pp. 9-26.

GASPARINI R. (2012),« Pratiques et conceptions de la discipline chez les enseignants et agents spécialisés des écoles maternelles », in GALAND B., CARRA C. et VERHOEVEN M. (dir.), *Prévenir les violences à l'école*, Paris, PUF, pp. 75-89.

GEAY B. (1999), *Profession: instituteurs. Mémoire politique et action syndicale*, Paris, Seuil.

GEHIN J.-P. et PALHETA U. (2012), « Les devenirs socioprofessionnels des sortants sans diplôme: un état des lieux dix ans après la sortie du système éducatif (1998-2008) », *Formation Emploi*, n° 118, pp. 15-35.

GINDT-DUCROS A. (2012), *Les médecins de l'éducation nationale : une professionnalité originale au cœur des pratiques collectives de la santé à l'école*, Thèse de doctorat de sociologie, Paris 8.

GIRARD A. et BASTIDE H. (1963), « La stratification sociale et la démocratisation de l'enseignement », *Population*, vol. 18, n° 3, pp. 435-472.

GIRARD A. (1967), « Préface », *Revue française de sociologie*, vol. 8, hors -série, pp. 3-16.

GOBLOT E. (1925), *La barrière et le niveau. Étude sociologique sur la bourgeoisie française moderne*, Paris, PUF, 2010.

GOMBERT P. (2008), *L'École et ses stratèges, Les pratiques éducatives des nouvelles classes supérieures*, Rennes, PUR.

GOODY J. (1977), *La raison graphique. La domestication de la pensée sauvage*, Paris, Minuit, 1979.

GOUX D. et MAURIN É. (2008), *Les enseignants, leur rémunération et leur niveau de vie, 1982-2005*, Docweb n° 0802, CEPREMAP, http://www.cepremap.ens.fr/depot/docweb/docweb 0802.pdf

GOUYON M.et GUÉRIN S. (2006), « L'implication des parents dans la scolarité des filles et des garçons : des intentions à la pratique », *Économie et statistique*, n° 398-399, pp. 59-84.

GRANOVETTER M. (1973), « The strenght of weak ties », *American journal of sociology*, vol. 78, n° 6, pp. 1360-1380.

GRISAY A. (1990), « Des indicateurs d'efficacité pour les établissements

pp. 441-468.
ELOY F. (2013), « La sensibilité musicale saisie par la forme scolaire. L'éducation musicale au collège, de formalisme en formalisme », *Revue française de pédagogie*, n° 185, pp. 21-34.
ESTABLET R., FAUGUET J.-L., FÉLOUZIS G., FEUILLADIEU S. et VERGÈS P. (2005), *Radiographie du peuple lycéen : pour changer le lycée*, Issy-les-Moulineaux, ESF.
FACK G. et GRENET J. (2010), « Sectorisation des collèges et prix des logements à Paris », *Actes de la recherche en sciences sociales*, vol. 180, pp. 44-63.
FARGES G. (2010), *Les identités enseignantes à l'épreuve du temps*, Thèse de doctorat de sociologie, IEP de Paris.
FARGES G. (2011), « Le statut social des enseignants français au prisme du renouvellement des générations », *Revue européenne des sciences sociales*, vol. 49, n° 1, pp. 157-178.
FASSIN D. et FASSIN É. (dir.) (2006), *De la question sociale à la question raciale ? Représenter la société française*, Paris, La Découverte.
FELOUZIS G. (2001), *La condition étudiante*, Paris, PUF.
FELOUZIS G. (2003), « La ségrégation ethnique et ses conséquences », *Revue française de sociologie*, vol. 44, n° 3, pp. 413-447.
FELOUZIS G. et CHARMILLON S. (2012), *Les enquêtes PISA*, Paris, PUF.
FORQUIN J.-C. (2008), *Sociologie du curriculum*, Rennes, PUR.
FORSÉ M. (2001), « Rôle spécifique et croissance du capital social », *Revue de l'OFCE*, n° 76, pp. 189-216.
GALLAND O. (1990), « Un nouvel âge de la vie », *Revue française de sociologie*, vol. 31, n° 4, pp. 529-551.
GARCIA S. (2007), « L'Europe du savoir contre l'Europe des banques ? », *Actes de la recherche en sciences sociales*, vol. 166-167, pp. 80-93.
GARCIA S. (2013), *À l'école des dyslexiques. Naturaliser ou combattre l'échec scolaire*, Paris, La Découverte.
GARCIA S. et POUPEAU F. (2003), « La mesure de la "démocratisation". Notes sur les usages sociologiques des indicateurs statistiques », *Actes de la recherche en sciences sociales*, vol. 149, pp. 74-87.
GARNIER P. (2009), « Préscolarisation ou scolarisation ? L'évolution institutionnelle et curriculaire de l'école maternelle », *Revue française de*

Seuil.
DUBET F., DURU-BELLAT M. et VÉRÉTOUT A. (2010), *Les sociétés et leur école. Emprise du diplôme et cohésion sociale*, Paris, Le Seuil.
DUBET F. et MARTUCELLI D. (1996), *À l'école. Sociologie de l'expérience scolaire*, Paris, Seuil.
DURKHEIM É. (1922), *Éducation et sociologie*, Paris, PUF, 2006.（=1976、É・デュルケーム、佐々木交賢訳『教育と社会学』誠信書房）
DURKHEIM É. (1925), *L'éducation morale*, Paris, PUF, 2012.（=1964、É・デュルケーム、麻生誠・山村健訳『道徳教育論1, 2』明治図書出版）
DURKHEIM É. (1938), *L'évolution pédagogique en France*, Paris, PUF, 1999.（=1966、É・デュルケーム、小関藤一郎訳『フランス教育思想史』普遍社）
DURU-BELLAT M. (1990), *L'École des filles. Quelles formations pour quels rôles sociaux ?*, Paris, L'Harmattan, 2004.（=1993、M・デュリュ＝ベラ、中野知律訳『娘の学校 性差の社会的再生産』藤原書店）
DURU-BELLAT M. (2000), « Une analyse des carrières scolaires : pertinence et résistance des paradigmes des années soixante-dix », *Éducation et sociétés*, n° 5, pp. 25-41.
DURU-BELLAT M. et KIEFFER A. (2000), « La démocratisation de l'enseignement en France : polémiques autour d'une question d'actualité », *Population*, vol. 55, n° 1, pp. 51-80.
DURU-BELLAT M. et KIEFFER A. (2008), « Du baccalauréat à l'enseignement supérieur en France : déplacement et recomposition des inégalités », *Population*, vol. 63, n° 1, pp. 123-157.
DURU-BELLAT M. et MINGAT A. (1988), « De l'orientation en fin de cinquième au fonctionnement du collège. 2- Progression, notation, orientation : l'impact du contexte de scolarisation », *Cahiers de l'IREDU*, n° 45.
DURU-BELLAT M. et MINGAT A. (1993), *Pour une approche analytique du système éducatif*, Paris, PUF.
DURU-BELLAT M. et MINGAT A. (1997), « La constitution des classes de niveau dans les collèges : les effets pervers d'une pratique à visée égalisatrice », *Revue française de sociologie*, vol. 38, n° 4, pp. 759-789.
DURU-BELLAT M., LE BASTARD-LANDRIER S., PIQUÉE C. et SUCHAUT B. (2004), « Tonalité sociale du contexte et expérience scolaire des élèves au lycée et à l'école primaire », *Revue française de sociologie*, vol. 45, n° 3,

Revue française de pédagogie, n° 148, pp. 11-23.
CRAHAY M. (2006), « Dangers, incertitudes et incomplétude de la logique de la compétence en éducation », *Revue française de pédagogie*, n° 154, pp. 97-110.
CROS L. (1961), *L'Explosion scolaire*, Paris, CUIP.
CUSSET P.-Y. (2011), « Que disent les recherches sur l'"effet-enseignant"? », *Note d'analyse du CAS*, n° 232.
DALE R. (2006), « Construire l'europe en bâtissant un espace européen de l'éducation », *Éducation et sociétés*, n° 18, pp. 35-53.
DARMON M. (2001), « La socialisation, entre famille et école : observation d'une classe de première année de maternelle », *Sociétés et Représentations*, n° 11, pp. 517-538.
DARMON M. (2013), *Classes préparatoires. La fabrique d'une jeunesse dominante*. Paris, La Découverte, « La Découverte Poche/SHS », 2015.
DEAUVIEAU J. (2005a), « Le monde enseignant », in TERRAIL J.-P. (dir.), *L'école en France. Crise, pratiques, perspectives*, Paris, La Dispute, pp. 41-55.
DEAUVIEAU J. (2005b) « Devenir enseignant du secondaire : les logiques d'accès au métier », *Revue française de pédagogie*, n° 150, pp. 31-41.
DEAUVIEAU J. (2009), *Enseigner dans le secondaire. Les nouveaux professeurs face aux difficultés du métier*, Paris, La Dispute.（=2018、J・ドォヴィオー「新任教員の始まり」園山大祐編『フランス社会階層と進路選択』勁草書房：162-175頁に一部収録）
DELALANDE J. (2003), « Culture enfantine et règles de vie. Jeux et enjeux de la cour de récréation », *Terrain*, n° 40, pp. 99-114
DELAY C. (2009), « Le rapport des classes populaires à l'école : de l'obligation scolaire à l'appropriation partielle des enjeux scolaires », in SCHULTHEIS F. *et al*. (dir.), *Les classes populaires aujourd'hui. Portraits de familles, cadres sociologiques*, Genève, L'Harmattan, pp. 385-433.
DEPOILLY S. (2014), *Filles et garçons au lycée pro*, Rennes, PUR.
DESLYPER R. (2013), « Une "école de l'autodidaxie"? L'enseignement des "musiques actuelles" au prisme de la forme scolaire », *Revue française de pédagogie*, n° 185, pp. 49-58.
DUBET F. (1991), *Les lycéens*, Paris, Seuil.
DUBET F. (2004), *L'école des chances. Qu'est-ce qu'une école juste ?*, Paris,

CHARLE C. et SOULIÉ C. (dir.) (2008), *Les ravages de la modernisation universitaire*, Paris, Syllepse.

CHARLES F. et CIBOIS P. (2010), « L'évolution de l'origine sociale des enseignants du primaire », *Sociétés contemporaines*, n° 77, pp. 31-55.

CHARLIER J.-É. et CROCHÉ S. (2003), « Le processus de Bologne, ses acteurs et leurs complices », *Éducation et sociétés*, n° 12, pp. 13-34.

CHARLOT B. (dir.) (1994), *L'école et le territoire : nouveaux espaces, nouveaux enjeux*, Paris, Armand Colin.

CHAUVEL S. (2014), « Le chemin de l'école », *Politix*, n° 108, pp. 53-73.（= 2018、S・ショヴェル「学校への道、進路決定を前にした教員、生徒、両親」園山大祐編『フランスの社会階層と進路選択』勁草書房：79-90頁に一部収録）

CLÉMENT P. (2013), *Réformer les programmes pour changer l'école? Une sociologie historique du champ du pouvoir scolaire*, Thèse de doctorat, Université Jules Verne.

CLERC P. (1964), « Les élèves de nationalité étrangère », *Population*, vol. 19, n° 5, pp. 865-872.

COLEMAN J. S. (1966), *Equality of educational opportunity*, Washington DC, Government Printing Office.

COLMANT M., JEANTHEAU J.-P. et MURAT F. (2002), « Les compétences des élèves à l'entrée au cours préparatoire : études réalisées à parir du panel d'écoliers recruté en 1997 », *Les Dossiers*, Paris, MEN.

COMBESSIE J.-C. (1984), « L'évolution comparée des inégalités : problèmes statistiques », *Revue française de sociologie*, vol. 25, n° 2, pp. 233-254.

CONVERT B. (2003), « Des hiérarchies maintenues. Espace des disciplines, morphologie de l'offre scolaire et choix d'orientation en France, 1987-2001 », *Actes de la recherche en sciences sociales*, vol. 149, pp. 61-73.

COSTES J., HOUADEC V. et LIZAN V. (2008), « Le rôle des professeurs de mathématique et de physique dans l'orientation des filles vers des études scientifiques », *Éducation et formations*, n° 77, pp. 55-61.

COULANGEON P. (2003), « Le rôle de l'école dans la démocratisation de l'accès aux arts », *Revue de l'OFCE*, n° 86, pp. 155-169.

COUSIN O. (1993), « L'effet-établissement. Construction d'une problématique », *Revue française de sociologie*, vol. 34, n° 3, pp. 395-419.

CRAHAY M. (2004), « Peut-on conclure à propos des effets du redoublement ? »,

VEI Diversité, n° 157, pp. 139-144.

CAYOUETTE-REMBLIÈRE J. (2013), « Les écarts se creusent-ils en cours de collège ? », *Éducation et formations*, n° 84, pp. 29-40.

CAYOUETTE-REMBLIÈRE J. (2016), *L'École qui classe. 530 élèves du primaire au bac*, Paris, PUF.

CAYOUETTE-REMBLIÈRE J. et SAINT-POL T. DE (2013), « Le sinueux chemin vers le baccalauréat : entre redoublement, réorientation et décrochage scolaire », *Économie et statistiques*, n° 459, pp. 59-88.

CÉREQ (2014), « Face à la crise, le fossé se creuse entre niveau de diplôme », *Bref du CÉREQ*, n° 319.

CHAINTREUIL L. et ÉPIPHANE D. (2013), « "Les hommes sont plus fonceurs mais les femmes mieux organisées" : quand les recruteur-e-s parlent du sexe des candidat-e-s », *Bref du CÉREQ*, n° 315.

CHAMBOREDON J.-C. (1971), « La délinquance juvénile, essai de construction d'objet », *Revue française de sociologie*, vol. 12, n° 3, pp. 335-377.

CHAMBOREDON J.-C. (1991), « Classes scolaires, classes d'âge, classes sociales », *Enquête*, n° 6.

CHAMBOREDON J.-C. et PRÉVOT J. (1973), « Le "métier d'enfant". Définition sociale de la prime enfance et fonctions différentielles de l'école maternelle », *Revue française de sociologie*, vol. 14, n° 3, pp. 295-335.

CHAPOULIE J.-M. (1987), *Les professeurs de l'enseignement secondaire. Un métier de classe moyenne*, Paris, MSH.

CHAPOULIE J.-M. (1991), « La seconde fondation de la sociologie française, les États-Unis et la classe ouvrière », *Revue française de sociologie,* vol. 32, n° 3, pp. 321-364.

CHAPOULIE J.-M. (2005), *Sociologues et sociologie. La France des années 1960*, Paris, L'Harmattan.

CHAPOULIE J.-M. (2007), « Une révolution sous la Quatrième République. La scolarisation post-obligatoire, le Plan et les finalités de l'école », *Revue d'histoire moderne et contemporaine*, n° 54, pp. 7-38.

CHAPOULIE J.-M. (2010), *L'École d'État conquiert la France. Deux siècles de politique scolaire*, Rennes, PUR.

CHAPOULIE J.-M. et MERLLIÉ D. (1970), *Les professeurs de l'enseignement secondaire, compte rendu de pré-enquête*, Paris, CSE.

CHARLE C. (1991), *Histoire sociale de la France au XIXe siècle*, Paris, Seuil.

pièges de la concurrence. Comprendre le déclin de l'école française, Paris, La Découverte.

BROCCOLICHI S. et RODITI É. (2014), « Analyses didactique et sociologique d'une pratique enseignante », *Revue française de pédagogie*, n° 188, pp. 39-50.

BROCCOLICHI S. et SINTHON R. (2011), « Comment s'articulent les inégalités d'acquisition scolaire et d'orientation ? », *Revue française de pédagogie*, n° 175, pp. 15-38.

BRUCY G. (1998), *Histoire des diplômes de l'enseignement technique et professionnel, 1880-1965*, Paris, Belin.

BRUCY G. et TROGER V. (2000), « Un siècle de formation professionnelle en France : la parenthèse scolaire ? », *Revue française de pédagogie*, n° 131, pp. 9-21.

BRUGEILLES C., CROMER S., PANISSAL N. (2009), « Le sexisme au programme ? », *Travail, genre et sociétés*, n° 21, pp. 109-129.

CACOUAULT-BITAUD M. (2001), « La féminisation d'une profession est-elle le signe d'une baisse de prestige ? », *Travail, genre et sociétés*, n°5, pp. 93-115.

CACOUAULT-BITAUD M. (2007), *Professeurs...mais femmes. Carrières et vies privées des enseignantes du secondaire au XXe siècle*, Paris, La Découverte.

CADET J.-P., CAUSSE L. et ROCHE P. (2007), « Les conseillers principaux d'éducation, un métier en redéfinition permanente », Net.doc, CÉREQ, n° 28.

CAILLE J.-P. (2001), « Les collégiens de ZEP à la fin des années quatre-vingt-dix : caractéristiques des élèves et impact de la scolarisation en ZEP sur la réussite », *Éducation et formations*, n° 61, pp. 111-140.

CAILLE J.-P. (2014), « Les transformations des trajectoires au collège : des parcours plus homogènes mais encore très liés au passé scolaire et à l' origine sociale », *Éducation et formations*, n° 85, pp. 5-30.

CALDAS S. J. et BANKSTON C. (1997), « Effect of school population socioeconomic status on individual academic achievement », *Journal of educational research*, vol. 90, n° 5, pp. 269-277.

CAREIL Y. (2007), *L'Expérience scolaire des collégiens*, Rennes, PUR.

CAYOUETTE-REMBLIÈRE J. (2009), « Comment choisissent les non-“choisissants”? Les cadres sociaux du choix du collège en milieu populaire »,

除」P・ブルデュー編、荒井文雄・櫻本陽一監訳『世界の悲惨Ⅱ』藤原書店、907-917頁）

BOURDIEU P. et PASSERON J.-C. (1964), *Les héritiers. Les étudiants et la culture*, Paris, Minuit.（=1997、P・ブルデュー, J-C・パスロン、石井洋二郎監訳『遺産相続者たち――学生と文化』藤原書店）

BOURDIEU P. et PASSERON J.-C. (1970), *La reproduction*, Paris, Minuit.（=1991、P・ブルデュー, J-C・パスロン、宮島喬訳『再生産――教育・社会・文化』藤原書店）

BOURDIEU P. et SAINT-MARTIN M. DE (1975), « Les catégories de l'entendement professoral », *Actes de la recherche en sciences sociales*, vol. 1, n° 3, pp. 68-93.

BOURGAREL A. (2006), « Chronique de l'éducation prioritaire 2003-2005 », *VEI Diversité*, n° 144, pp. 141-154.

BRESSOUX P. (1994), « Les recherches sur les effets-écoles et les effets-maîtres », *Revue française de pédagogie*, n° 108, pp. 91-137.

BRIAND J.-P. et CHAPOULIE J.-M. (1992), *Les collèges du peuple. L'enseignement primaire supérieur et le développement de la scolarisation prolongée sous la Troisième République*. Paris, INRP/CNRS/ENS.

BRINBAUM Y. et KIEFFER A. (2005), « D'une génération à l'autre, les aspirations éducatives des familles immigrées : ambition et persévérance », *Éducation et formations*, n° 72, pp. 53-75.

BROCCOLICHI S. (1993) « Un paradis perdu », in BOURDIEU P. (dir.), *La misère du monde*, Paris, Seuil, pp. 951-976.（=2020、S・ブロコリシ「楽園喪失」P・ブルデュー編、荒井文雄・櫻本陽一監訳『世界の悲惨Ⅱ』藤原書店、948-971頁）

BROCCOLICHI S. (1995), « Orientations et ségrégations nouvelles dans l'enseignement secondaire », *Sociétés contemporaines*, n° 21, pp. 15-27.

BROCCOLICHI S. (2009), « L'espace des inégalités scolaires. Une analyse des variations socio-spatiales d'acquis scolaires dégagée des optiques évaluatives », *Actes de la recherche en sciences sociales*, vol. 180, pp. 74-91.

BROCCOLICHI S. et BEN AYED C. (1999), « L'institution scolaire et la réussite de tous aujourd'hui : "pourrait mieux faire" », *Revue française de pédagogie*, n° 129, pp. 39-51.

BROCCOLICHI S., BEN AYED C. et TRANCART D. (2010), *École : les noblesse scientifique. Enquête sur les biais de recrutement à l'ENS*, rapport pour l'ENS Ulm.

BODÉ G. (1997), « Développement local, partenariat et alternance au XIXe siècle », in CARDI F., CHAMBON A. (dir.), *Métamorphose de la formation*, Paris, L'Harmattan, pp. 53-71.

BODIN R. et MILLET M. (2011), « L'université, un espace de régulation. L' "abandon" dans les 1ers cycles à l'aune de la socialisation universitaire », *Sociologie*, vol. 2, n° 3, pp. 225-242.

BONNÉRY S.(2007), *Comprendre l'échec scolaire. Élèves en difficultés et dispositifs pédagogiques*, Paris, La Dispute.

BONNÉRY S. (2008), « Les usages de la psychologie à l'école : quels effets sur les inégalités scolaires ? », *Sociologies pratiques*, n° 17, pp. 107-120.

BOUCHET-VALAT M. (2014),« Les évolutions de l'homogamie de diplôme, de classe et d'origine sociales en France (1969-2011) : ouverture d'ensemble, repli des élites », *Revue française de sociologie*, vol. 55, n° 3, pp. 459-505.

BOUDON R. (1973), *L'inégalité des chances. La mobilité sociale dans les sociétés industrielles*. Paris, Armand Colin.（=1983、R・ブードン、杉本一郎ほか訳『機会の不平等：産業社会における教育と社会移動』新曜社）

BOUHIA R., GARROUSTE M., LEBRÈRE A., RICROCH L. et SAINT-POL T. DE (2011), « Être sans diplôme aujourd'hui en France : quelles caractéristiques, quel parcours et quel destin ? », *Économie et statistiques*, n° 443, pp. 29-50.

BOURDIEU P. (1979), *La distinction. Critique sociale du jugement*, Paris, Minuit.（=1990、P・ブルデュー、石井洋二郎訳『ディスタンクシオンⅠ, Ⅱ　社会的判断力批判』藤原書店）

BOURDIEU P. (dir.) (1993), *La misère du monde*, Paris, Seuil.（=2019, 2020、P・ブルデュー編、荒井文雄・櫻本陽一監訳『世界の悲惨Ⅰ, Ⅱ, Ⅲ』藤原書店）

BOURDIEU P., BOLTANSKI L. et SAINT-MARTIN M. DE (1973), « Les stratégies de reconversion. Les classes sociales et le système d'enseignement », *Information sur les sciences sociales*, vol. 12, n° 5, pp. 61-113.

BOURDIEU P. et CHAMPAGNE P. (1993), « Les exclus de l'intérieur » in BOURDIEU P. (dir.) *La misère du monde*, Paris, Seuil, pp. 913-923.（=2020、P・ブルデュー，P・シャンパーニュ「第Ⅴ部　内部からの排

BAUDELOT C. et ESTABLET R. (1971), *L'école capitaliste en France*, Paris, Maspero.

BAUDELOT C. et ESTABLET R. (1975), *L'école primaire divise*, Paris, Maspero.

BAUDELOT C. et ESTABLET R. (1992), *Allez les filles! Une révolution silencieuse*. Paris, Points Seuil, 2006.

BAUDELOT C. et ESTABLET R. (2000), *Avoir trente ans en 1968 et 1998*, Paris, Seuil.

BAUDELOT C. et ESTABLET R. (2009), *L'élitisme républicain. L'école française à l'épreuve des comparaisons internationales*, Paris, Seuil.

BAUPÈRE N. et BOUDESSEUL G. (dir.) (2009), *Sortir sans diplôme de l'Université. Comprendre les parcours d'étudiants «décrocheurs»*, Paris, La documentation française.

BAUTIER É., BEBI A., BONNÉRY S., BRANCA-ROSOFF S., LESORT B. et TERRAIL J.-P.(2002), *Décrochage scolaire : Genèse et logique des parcours*, Paris, Direction de la programmation et du développement.

BAUTIER É. et ROCHEX J.-Y. (1997), « Apprendre : des malentendus qui font la différence», in DEAUVIEAU J. et TERRAIL J.-P. (dir.), *Les sociologues, l'école et la transmission des savoirs*, Paris, La Dispute, pp. 105-122.

BEAUCHEMIN C., HAMEL C. et SIMON P. (dir.) (2016), *Trajectoires et origines. Enquête sur la diversité des populations en France*, Paris, INED.

BEAUD S. (2002), *80% au bac...et après ? Les enfants de la démocratisation scolaire*, Paris, La Découverte « La Découverte Poche/SHS », 2003.

BEAUD S. et PIALOUX M. (1999), *Retour sur la condition ouvrière. Enquête aux usines Peugeot de Sochaux-Montébéliard*, Paris, Fayard.

BEAUD S. et WEBER F. (1992), « Des professeurs et leurs métiers face à la démocratisation des lycées », *Critiques Sociales*, n° 3-4, pp. 59-122.

BERGER I. (1959), *Les Instituteurs d'une génération à l'autre*. Paris, PUF.

BERNSTEIN B. (1975), « Classes et pédagogies : visibles et invisibles », in DEAUVIEAU J. et TERRAIL J.-P. (dir.), *Les Sociologues et la transmission des savoirs*, Paris, La Dispute, 2007, pp. 85-112.（=1980、B・バーンスティン、佐藤智美訳「階級と教育方法」『教育と社会変動（上）』東京大学出版会、227-260頁）

BIDOU C. (1984), *Les aventuriers du quotidien*, Paris, PUF.

BLANCHARD M., ORANGE S. et PIERREL A. (2014), *La production d'une*

参考文献

ALTET M., BRESSOUX P., BRU M. et LECONTE-LAMBERT C. (1999), « Diversité des pratiques d'enseignement à l'école élémentaire », *Revue française de pédagogie*, n° 126, pp. 97-110.

ANANIAN S., BONNEAU A., LAMBERTYN A. et VERCAMBRE M.-N. (2005), « Les disparités d'orientation au lycée », *Éducation et formations*, n° 72, pp. 101-112.

ANYON J. (1980), « Social class and the hidden curriculum of work », *Journal of Education*, vol. 162, n° 1, pp. 67-92.

BALLAND L. (2012), « Un cas d'école. L'entrée dans le métier de professeur d' une "enfant de la démocratisation scolaire"», *Actes de la recherche en sciences sociales*, vol. 191-192, pp. 40-47.

BALLION R. (1982), *Les consommateurs d'école. Stratégies éducatives des familles*, Paris, Stock.

BALLION R. (1986), « Le choix du collège : le comportement "éclairé" des familles », *Revue française de sociologie*, vol. 27, n° 4, pp. 719-734.

BALUTEAU F. (2014), « La différenciation pédagogique : quels modes d'explication sociologique ? », *Revue française de pédagogie*, n° 188, pp. 51-62.

BARRAULT L. (2013), *Gouverner par accommodements. Stratégies autour de la carte scolaire*, Paris, Dalloz.

BARRÈRE A. (2002), *Les enseignants au travail. Routines incertaines*, Paris, L'Harmattan.

BARRÈRE A. (2006), *Sociologie des chefs d'établissements. Les managers de la République*, Paris, PUF.

BARTH F. (1969), « Les groupes ethniques et leurs frontières », in Poutignat P. et Streiff-Fenart J., *Théories de l'ethnicité*, Paris, PUF, 2005, pp. 203-249.

BASTIDE H. (1982), *Les enfants d'immigrés et l'enseignement français. Enquête dans les établissements du premier et du second degré*, Paris, PUF.

BAUDELOT C. et al. (1987), « Les élèves de LEP, anatomie d'une population », *Revue française des affaires sociales*, hors-série, pp. 79-98.

訳者解題

本書は、Marianne Blanchard, Joannie Cayouette-Remblière, *Sociologie de l'école*, La Découverte, 2016. の全訳である。ラ・デクベルト社のルペール・シリーズは、一九八三年にはじめられたが、経済、社会学、法・政治学、歴史、経営、文化、コミュニケーション、哲学など広い分野に渡っており、本書は社会学の分類から出されている。ルペール・シリーズは、網羅的でありながら分量的にも内容的にも読みやすく、入門書として適しているものが多い。『現代フランスにおける移民の子孫たち――都市・社会統合・アイデンティティの社会学』（エマニュエル・サンテリ著、園山大祐監修、村上一基訳）に続く翻訳版シリーズとして出されることとなった本書も、フランスの学校研究の主要な研究を概観する入門的な本である。フランスの教育社会学の歴史的展開と現在、フランスが抱える教育の問題を理解するために、教育学分野や教職課程の授業、あるいはフランス文化に関する授業で、広く読んでいただけることが期待できる。

著者について

マリアンヌ・ブランシャールはパリ高等師範学校（ENS）を卒業、経済・社会学のアグレジェ資格を持ち、現在はフランス南部、ミディ・ピレネーの国立教職・教育高等学院（INSPE）で社会学准教授をつとめている。二〇一二年にS・ボー（S. Beaud）の指導のもと、フランス国立社会科学高等研究院（EHESS）に『*Socio-histoire d'une entreprise éducative : le développement des Écoles Supérieures de Commerce en France, fin du XIXe siècle – 2010*（教育的企業の社会史：一九世紀末から二〇一〇年までのフランスにおける商業グランゼコールの発展）』という社会学の博士論文を提出し、現在まで、学歴と不平等のテーマについて、グランゼコールやグランゼコール準備級など主にエリート養成を通して研究している。

ジョアニ・カユエット＝ランブリエールもブランシャールと同じくボーの指導のもと、二〇一三年にEHESSで博士論文を提出した社会学者である。『*Le marquage scolaire : une analyse "statistique ethnographique" des trajectoires des enfants de classes populaires à l'École*（学業のしるし：学校における庶民階級の子どものあゆみについての〝エスノグラフィックな統計的〟分析』）と題された博士論文は、中学校の内申書の分析や参与観察を通し、庶民階級の生徒の成功／失敗の様態を上流・中流階級の生徒のそれとを比較したものである。現在はフランス国立人口学研究所

（ＩＮＥＤ）の研究担当をつとめながら、国立統計・情報分析大学校（ＥＮＳＡＩ）というグランゼコールでの社会学講義も担当している。ＩＮＥＤ所属として進路選択と成功の不平等に関する研究を継続していると同時に、社会集団と社会的混交など、より広い社会学的テーマの研究も進めている。

著者二人は、二〇一一年には教育学分野の学術誌として権威のある『フランス教育学年報』で「学歴選択を考える」（« Penser les choix scolaires »）という特集を組むなど［*Revue Française de Pédagogie*, n°175 : 5–14］精力的に活動している若手研究者である。本書が特に近年の最新の研究を網羅的に紹介していて興味深いものであるのは、彼女らが研究活動を通して活発な交流を行なっている若手研究者であることが大きいだろう。

Repères シリーズと教育社会学、学校の社会学

学校に関する社会学研究は通常「教育社会学」としてまとめられる。ルペール・シリーズでは『教育社会学』（Marlaine Cacouault-Bitaud, Françoise Œuvrard, *Sociologie de l'éducation*, La Découverte, 2003）が版を重ね、現在第四版まで出ている。『教育社会学』の内容は、目次を順にあげると、学校制度の歴史、学歴の差異化、就学における社会的不平等の分析、就学経路から社会的経路へ、教員たち、教育空間における教授的関係性となっており、教育達成の階層間における不平等

について量的データが多く紹介されている。教育と労働市場との関係の検討を行っているのが、取り扱う範囲の本書との違いである。また、教育現場における大衆化に対応した変化についての議論を行い、教師の階層と文化の点からの検討が主であることなど、出版当時までのフランスの教育社会学の特徴を反映した本となっている。

本書序章でも説明されているとおり、教育とはÉ・デュルケムの定義によれば「若い世代の体系的な社会化」であり、両親や教員により子どもに対して行われる行為であるから、学校教育の枠を超えている（本書 20頁）。「教育社会学」ではなく教育の中でも学校に焦点を当てた本書「学校の社会学」は、とりわけ「学校というこの制度について、そしてそれが我々の社会の中で大きな位置を占めていることについて検討するものである」（20頁）。学校制度の社会的機能や役割、そこで生み出される階層間の不平等など学校と社会の関係をより詳細にとらえるべく関連の最新の研究をまとめているのが『教育社会学』と比較しての本書の特徴だと言えるだろう。

フランスの教育社会学の特徴

階層と教育達成に関する量的研究が多く行われているのがフランスの教育社会学の特徴である。ここでは、『教育社会学事典』（日本教育社会学会編、丸善出版、2018）「フランスの教育社会学」における整理に大きく依拠し、詳細を補足しながら、特徴を紹介する。

フランスの教育社会学は、主に次の三つの流れで行われてきた。

（1）教育と社会：フランスの教育社会学は、一九世紀末É・デュルケムによって始まるが、社会的事象を事実として分析対象としたデュルケムは、教育について実証研究を行い、教育は若い世代に対する体系的な社会化の機能をものとした。

（2）教育の不平等研究：一九六〇年代に学問界において教育が再興する。P・ブルデューとJ-C・パスロンはINEDの統計を使い階層と教育達成の相関を明らかにしたが、この解釈において、彼らはデュルケムの言う学校の社会的機能に対立するものとして、学校には、支配階級の文化が優遇されるような教育内容や方法があり、これにより学校には不平等再生産機能があることを主張した。つまり、学校は文化資本を持たない出身家庭出身の子どもに、それを補うどころか、格差を再生産している。教育が大衆化（本書での「一般化」）すると、教員は文化資本の差に注目しなくなり、学業結果は個人の努力の結果であるというように理解されるようになる、というのである。メリトクラシーは学校教育システム内での個人の努力の自然な結果として受け止められるようになる。ブルデューらの実証研究はこのことに異議を唱えるものだった（なお、不平等研究は、E・ゴブロの一九二五年『障壁と水準』が最初の教育研究である。この研究において、ゴブロはバカロレアが一九一四年以降ブルジョワと庶民階級を分ける障壁と考えている）。これは今なお、フランスで主要な研究手法であり、例えば本書でもよく使われるDEPP（国民教育省評価予測成果局）など多くの観察局が、実証研究を行い、政策提言を行っている。ブルデューとパスロンの研究に異議を唱えたのがR・ブードンである。経済学の方法論を使ったブードンは、その著書『機会の不平等』（1973）の中で、社会上昇移動を引き起こす個人選択の諸要因は、複雑に全体として絡み合うモデルであることを明らかにし、この中で、社会的不平等の維持は「意図せざる効果」として維持されるメカニズムを提示した。

（3）庶民階層に向けた教育実践研究：戦後の教育爆発と大衆化を受け、庶民階級研究、落ちこぼれ研究、が行われている。B・シャルロは『知識との関係（*Rapport au savoir*）』（1997）において、庶民階級の生徒における知識の獲得を通し彼らと知との関係性を問い、また、B・ライールは一九九三年の著作『最も弱者である者たちの理由。庶民階層における仕事と家庭内の書き物、読書との関係（*La Raison des plus faibles. Rapport au travail, écritures domestiques et lectures en milieux populaires*）』［Lille, PUL］などで、庶民階級の生徒の書き言葉という文化への距離感の違いを分析している。

学問的な展開：ブルデューとパスロンによる研究をはじめとする文化資本と教育達成の相関性に関する研究は依然としてフランスの教育社会学研究の中心的かつ基盤である。しかし、大衆化を受けて生徒／学生やその文化研究、教員研究といったアクターの研究がエスノグラフィックな手法により行われている。本書にも出てくるF・デュベの高校生研究や、A・クーロン（A. Coulon）の学生研究である『学生のメチエ（*Métier d'étudiant*）』（1997）などを主要なものとしてあげることができるだろう。また、この間、一九六〇年代からはイギリスの主要な教育社会学理論が入ってきている。本書でもその研究が言及されているESCOLはパリ第8大学の教育学研究グループであるが、そこではB・バーンスティンの理論などを取り入れた教授学（pédagogie）研究が行われている。日本と比較した時に興味深いのは、これらの教授学研究の中に、ブルデュー以来の文化資本による学校における階層間格差の理論が強く生きている点であろう。この他、一九八〇年代からは学校効果研究が、また、一九九〇年代からは学校間格差の研究が研究されているが、この中では地域研究、都市社会学研究と共同で行われているのがフランスの特徴と言える。これらはマクロな研究への広がりも見せているが、このような共同作業は、本書著者の一人であるカユエット＝ランブリエールの所属であるINEDのような研究所が各学問間をつないでいる貢献も大きいと見られる。

フランスにおける教育社会学の教育学全体の中での位置付け

フランスの教育学全般を見渡すと、教育研究は歴史学、哲学、心理学、社会学が主要な学問的アプローチである。このことは、アングロ・サクソン圏においてこれらのアプローチの他に教育方法学、カリキュラム研究が発展しているのとは異なる様相を示している。このことの理由としては、教員養成をめぐる状況があげられる。フランスの教員養成は、大学の各学問分野においてdidactiqueと呼ばれる教科理論を修め、教員養成課程 pédagogie（ペダゴジー、教授方法）については、師範学校、大学附設教師教育大学院、教職・教育高等学院など、歴史的に制度は変化しているものの、教員養成課程で行う、というように、二つが異なる制度において教えられてきた。学問分野を背景とした教科教育法の習得の後に教授法を上乗せするような形である。このことが、教育学において、教育内容や課程を縦横に総合的に検討するカリキュラム社会学や教育方法学が発展しづらかった背景だと思われる。

教育社会学は教育研究を行う様々な学問的アプローチの中でも非常に盛んで層の厚いものである。ブルデューの理論を基盤として様々に発展したこれらの社会学的研究は、教育に関するミクロでエスノグラフィックな研究が盛んにはなった今も、主流である。学校研究や授業研究も、教授法そのものについて扱うことよりも、教授法と教師集団の階層や文化、地域や学校、生徒の文化との関係性に注目して検討する社会学的方法が多く取られている。そこでは、学校は社会的格差を再生産し続けている装置であるという、学校に対する批判的態度と、社会格差への大きな問題意識が見て取れるのである。

用語解説

フランスの教育社会学においては頻繁に使われているがあまり日本語では馴染みがないものについては、背景や訳語の選択理由の説明をここでする必要があるだろう。

学校「成功」と「失敗」（Réussite scolaire, échec scolaire）

「学校成功」と、その対となる表現「学校失敗」は、フランスで一般的に使われている表現である。scolaire には学校の、就学の、学業の、などいくつかの訳語をあてることが可能だが、本書では、文脈により学業に限定されることが明確である場合以外は大半をあえて、学校の、とし、できるだけ原語の通りとし、具体的な意味合いは文脈に任せることにした。この理由には、以下に説明するようにこの言葉が一般的に使われているものながら定義が一様でないことによる。

É・ボーティエによれば、学校成功という言葉は、正確に定義されることなく、また特有の理論分野を参照することなく用いられ、学校制度をめぐるディスクールやメディア、親などにより一般的に使われている表現であり、この概念は複数の視点から定義されることができるという。以下では、『教育と訓練百科事典（*Dictionnaire encyclopédique de l'éducation et de la formation*）』（第三版）の中でボーティエにより執筆された「Réussite scolaire」の項を大きく参照する。「成功」の定義の、主に大衆化による変化を追っているこの項より現在のフランス社会における教育の様相の特徴を把握し、学校成功／失敗という語の語義、特にその多様性を把握してもらえればと考える。

成功の基準――一九八〇年代の大衆化以前は、学校成功と言えば、学校課程をどのような速さで終えたか、つまり留年・飛び級せずに進学することを指していた。しかし大衆化により生徒の進路が多様化し、学校や課程による格差が広がる中では、この定義は現実を単純化しすぎるものとなった。そこから、（学校）成功とは、普通課程の生徒のことを指すようになる。本書でも述べられているように、技術課程・職業課程への進学は、そのような専攻を将来のために選択するというよりも、多くが学業困難から来るものであるからである。つまり、大衆化に対応して教育課程が多様化すると、普通課程以外への進学が留年の代わりとなったのである。すると、課程を年齢通り終えることは必ずしも成功だとはされなくなってくる。評判が高く優秀な課程ではないところを留年なしに終えることもあるし、その逆に、時間をかけて職業課程から最終的にバカロレア取得に辿りつく生徒もいる。後者は、時間がかかってはいても、学校や生徒自身から「成功」と捉えられることができる。フランスにおいて職業課程からのバカロレア取得がそれだけ困難なことだと考えられている証拠でもあるだろう。

課程が多様化し、バカロレアの取得率が八割を超える現在では、一概に成功の定義はできない。取得した免状に付随する成功のイメージはその種類によって相対化されるものである。以前のように留年の有無で一概に成功／失敗と言えることはなくなると、留年をめぐる実践にもその実践の場ごとに違いが見られるようになる。留年の決定に関し親の意見が反映されて学校の判断が覆され、進級となることもあれば、学業や態度に困難がある生徒であっても学校が留年させなかったり、あるいは生徒自身が希望しない進路へいくことを避けるために留年を選ぶこともある。

課程のロジックか習得のロジックか――このどちらのロジックなのか、ということについて、もう一つの要素、生徒により行われた経験としての成功を考慮に入れると、これまでの単純で客観的な成功の定義がまったく適したものではなくなる。大衆化により、新たな生徒が高校まで到達すること、このことによって、全ての生徒が同じ成功の定義をするわけではないということを考慮しなければならなくなる。

大衆化により新たに到達した生徒(「新しい」生徒)のほとんどにとっては、学校成功とは、課程を修了すること、つまり学級から学級へと学校におけるタスクをやることで満足し、習得のロジック、つまり、知識や学校の活動を通して自らを変容させることではないのである。このロジックの変化について、残念だ、生徒は間違っているのだとしてしまうことも可能だろうが、しかし、資格(免状)取得のプロセスに横たわるロジックを問い直すことをしなければならないだろう。すなわち、生徒が学級から学級へと進級し大学の第一課程(2年次)の免状まで取得しながら、本当には習得という意味での成功には至っていないこと。習得における成功と学歴とは今日では一部しか重なり合わないのである。この現象は多くの生徒が学業困難にある学校ではさらに明らかで、教員は、生徒の本当の値よりも上の値を成績でつけることで、生徒を励ましたり、低すぎる評価を避けているのである。

さらに、もう一つの要素としては、社会的経路同様、学校的経路が挙げられる。後期中等課程への進学が家族史上初めて行われる場合、その生徒は、それが職業バカロレアであっても、バカロレアを取得することを期待され、長期の就学が成功だと考える。確かにこれは成功の「主観的な」アプローチなのだが、各々隙のない就学組織網がなくなり、これと並行して就学課程が多様化し、そして全ての社会階層に学校に対する消費者的ロジックが広がると、生徒にとっては失敗と成功とを区別する安定した目印や基準を確立するのは難しいことになる。

これらの理由から、成功（あるいは失敗）の定義は今ではより難しい。近年の研究によれば確かに進学率は上がったが社会的序列はほとんど修正されておらず、学校制度内での社会・学業的不平等は続いている。したがって、成功あるいは失敗の事実を理解しようとするならば、より一段と学校的あゆみや学校との関係性、知との関係性、と言った一様ではない要素を検討に入れることが必要であるし、そこから、親の社会的・学校的経路と習得（学習）との関係を検討すべきだろう（*Dictionnaire encyclopédique de l'éducation et de la formation*, 3e édition, Retz, 2005）。

免状社会（Société de diplôme）

société de diplôme はあえて「学歴社会」ではなく「免状社会」と直訳をあてた。これは日仏における学校制度の位置付けの違いをできるだけ反映できないかと考慮してみてのことである。フランスは教育の義務が一八八二年に法で定められたが（一八八二年三月二十八日ジュール・フェリー法）、「義務教育」の「義務」は「就学」の義務ではない。国民教育省の義務教育では家庭（親）には二つの選択肢があると記されている。すなわち、公立あるいは私立の教育機関での就学か、あるいは子どもの知育（instruction）を家庭自身で保障すること（この場合は事前の申告が必要）である［国民教育省HP: https://www.education.gouv.fr/les-grands-principes-du-systeme-educatif- 9842, 二〇二〇年二月二十八日参照］。要は、子どもの学習権が保障されればよいのである。

伝統的に上流階級の家庭において家庭教師を雇用して子どもが学習を行うという方法を聞いたことがある方もいるだろう。年齢主義ではないため、修了試験をクリアすればその課程を修了したことになり、免状を取得できる。前述「学校成功」でも述べたように、飛び級も可能であるし、逆に学習内容をクリアしていない場合には留年させられることがある（ただし本書でも触れられているように、近年留年をなるべくさせない方向へ政策が行われている）。すなわち、免状、特に義務教育の修了免状がフランスにおいて特徴的であるのは、それが学校における就学や出席日数を必須とするものではないということである。どちらかと言えば、国家試験を受けて取得した「資格」に近い。これらを踏まえ、就学義務を連想しないよう、原語のまま「免状社会」とした。

なお、免状社会、という言葉はまた、労働市場では資格社会という意味合いで使用される。フランスでは労働市場における雇用は免状のレベルや内容によって行われ、一般に、新たに免状（資格）を取得しないと、社内昇進は行われない。もちろん、状況は変わってきており一概にそうであるわけではないが、全般的にはあいも変わらず免状取得が昇進やポストチェンジの条件となっていると言える。この時の免状とは、学校制度の免状に限らず、各種研修の修了も含むが、何れにせよ、免状という証書が必要であるということである。成人教育が盛んであること、ほぼ無償の高等教育が多くの世代に開かれているのもこのためである。

systèmeとinstitutionの訳語について

本書には、système éducatif/scolaire, institution éducative/scolaireという語が出てくるが、systèmeとinstitutionは、基本的には同意義語として、制度、と訳した。これは同じ語を繰り返し使用することを避けるというフランス語における慣習を踏まえたものである。ただし、institutionを、機関、と訳出する必要がある箇所ではそのように訳している。

日本におけるフランスの教育社会学の受容

日本におけるフランスの教育社会学については、P・ブルデューの著作が一九九〇年代以降精力的に翻訳される中で大きく受容されてきた。社会学に大きなインパクトを与えたブルデューの翻訳は、理論的に教育社会学でも大きな影響を与え、教育に直接的に関係したものだけでも『ディスタンクシオンⅠ、Ⅱ 社会的判断力批判』（藤原書店、1990）、『ホモ・アカデミクス』（藤原書店、1997）、『教師と学生のコミュニケーション』（藤原書店、1999）、『国家貴族Ⅰ、Ⅱ――エリート教育と支配階級の再生産』（藤原書店、2012）、J－C・パスロンとの共著では『再生産――教育・社会・文化』（藤原書店、1991）、『遺産相続者たち――学生と文化』（藤原書店、1997）

と数多い。もちろんそれまでも、É・デュルケムの古典や（『道徳教育論』明治図書出版、1964）、『教育と社会学』誠信書房、1976）、『フランス教育思想史』行路社、1981）、R・ブードン（『機会の不平等：産業社会における教育と社会移動』新曜社、1983）など本書にも出てくる重要な研究は、翻訳により広く読まれている。

ブルデューの翻訳書が出たことがその後フランス社会学研究にますます大きなインパクトを与えたことは周知の通りであるが、教育社会学については、ブルデュー以降の最新の研究の日本語による紹介はあまり系統だった形では行われてこなかった。例えば本書で触れられているF・デュベも、教育社会学において重要研究である高校生研究の文脈でというよりは、社会学理論研究を中心に置いた形で紹介されている（『経験の社会学』新泉社、2011）。ただしM・デュリュ＝ベラの研究が『娘の学校 性差の社会的再生産』藤原書店、1993）の後『フランスの学歴インフレと格差社会』（明石書店、2007）で翻訳出版されたことは、教育と階層間格差というフランス教育学の主要な関心が今も手法を発展させながら続けられていることを知るのに重要であったと言える。

近年になり、フランス教育社会学は、本書監修者である園山大祐氏により、最新のいくつもの主要研究がテーマ分野ごとにまとめられ精力的に翻訳紹介されている。『学校選択のパラドックス』（勁草書房、2012）、訳者も執筆・翻訳に参加している『教育の大衆化は何をもたらしたか』（勁草書房、2016）および『フランスの社会階層と進路選択』（勁草書房、2018）は本書でも扱われている主要研究に日本語で触れることができるものである。本書を案内書としながら、これらの本の中で紹介されている各論文を読まれることをおすすめしたい。そのようにして、フランス語話者でなくともフランスの教育社会学の現在に触れる人が増え、日本における教育社会学の議論がアングロ・サクソン圏の理論に偏ることなく、より広い議論を踏まえたものに発展することに本書が貢献できるものになれば、訳者としても嬉しいことである。

謝辞

本書の翻訳には多くの方々にご協力いただいた。監修者の園山大祐さんにはフランス教育研究の大先輩として、教育システムや先行研究についてご教示いただき、訳出にあたって大変助けていただいた。日頃の勉強不足から訳出に手間取る私を、諦めずに励ましてくださったことにも深く感謝している。翻訳作業を通した園山さんとの議論はとても刺激的で、今後の自分の研究にも非常に示唆に富むものであった。山﨑晶子さん（一橋大学社会学研究科ジュニアフェロー）、田平修さん（大阪大学大学院人間科学研究科博士後期課程）には、丁寧に訳稿をチェックしていただき、私の日本語の至らないところを直していただいた。原語に引っ張られ読みづらくなっている日本語を直すのは大変な作業だったと思われる。お二人にはお忙しい中多大なご協力をいただいたことに感謝を申し上げる。大橋完太郎さん（神戸大学大学院人文学研究科）には、「頼みの綱」として、何度も相談にのっていただいた。私が訳出に四苦八苦している箇所について、聞けば専門外ながらすぐに読み解かれたことからは、哲学者が日頃触れているフランス語はさぞかし難解なのであろうということが想像されると同時に、我が身のフランス語不勉強を恥じるばかりである。著者のお二人には、訳出にあたり理解が不明瞭な部分について丁寧に答えていただき、また、日本語版への序文を寄せていただいた。このような作業を通した交流は研究交流としてとても刺激的であった。心よりお礼を申し上げる。最後に明石書店編集部の神野斉氏には、出版をめぐる状況が厳しい中、本書の出版をお引き受けいただいたことに深く感謝を申し上げたい。

田川　千尋

二〇二〇年二月二八日

あとがき

本書『学校の社会学』の原書は、二〇一六年四月に刊行された。当初、監修者の園山は、『教育の大衆化は何をもたらしたか』を刊行する前であった。ぜひ、J・カユエット＝ランブリエールの研究を日本に紹介したいと思い、指導教員のS・ボー教授を通じてパリでお話をする機会があった。彼女の博士論文をもとにフランス大学出版から刊行された『学校が順位づける（*L'école qui classe*）』のダイジェスト版を二〇一八年、『フランスの社会階層と進路選択』（勁草書房）にまとめていただいた。以後、『学校の社会学』の翻訳についても約束した。あれから三年ほど月日が経過したが、約束を果たせたことにほっとしている。

本書の翻訳は、ルペール・シリーズのE・サンテリ著『現代フランスにおける移民の子孫たち』に次ぐ2冊目の刊行となる。訳者同様に、フランスに留学をした日本人なら誰もが経験することだが、フランスの大学の講義を初めて聞いて、すぐに内容を理解できる人は少ないだろう。それは、単純にフランス語能力の問題もあるが、もう一つは学問の基礎知識量が圧倒的に不足していることに起因する。くわえてフランスの大学の講義は、大講義室による一斉授業形式であり、ノートテイクが外国人にとってはかなり大変である。

こうした留学経験を踏まえて、日本の学生で、フランスの人文社会科学に興味がある学生にむけ、フランスの簡易な教科書の翻訳を試みることにした。白水社から出版されている文庫クセジュのシリーズ同様に、ラ・デクベルト社のルペール・シリーズもフランスの学生には好評である。元々は、一九九五年にM・カクオー＝ビトーとF・ウヴラールによる『教育社会学（*Sociologie de l'éducation*）』が出され、それをより若い二人が再編したのが本書である。本書でも引用されている、アルマン・コラン社からも同様の文庫シリーズがある。教育社会学の教科書としては、J‐M・ドゥケローズの『学校とその社会学（*L'école et ses sociologies*）』が二〇一一年に刊行されている。また、文庫クセジュからP・ライユによる『教育社会学』が二〇一五年に刊行されている。同じく文庫本でA・バレールとN・サンベルによる『教育社会学』（一九九八年、ナタン社）がある。学生には、これらと比較することを勧めたい。

より詳細の教科書として一九九〇年代から版を重ねているのが、M・デュリュ＝ベラ、G・ファルジュとA・ヴァンザンタンによる『学校の社会学』（第5版、A．コラン社）が二〇一八年に刊行されている。

さて、日本で「学校の社会学」というフランス語の論文が最初に翻訳されたのは、一九七七年刊行のM・ドベスとG・ミアラレ編『教育と社会』（白水社）の第五章を執筆したV・イザンベール＝ジャマティの論文ではないだろうか。

フランスにおける学校の社会学にみられる教育不平等研究の代表は、日本でも広く知られているP・ブルデューらによるものが多数ある。その一つ『教師と学生のコミュニケーション』は、一九六〇年代初期に実施した高校生と大学生への調査をもとにした研究である。そこでは教師の特権と職業的イデオロギーによって、言語能力の優れた学生は優秀と判断する学校の判断は公正だとされる。そしてその言語は、個々の社会・文化的出自に負っている文化的相続遺産にあるとする。カユエット＝ランブリエールの博士論文では、中学生の進路選択における進路判定会議の様子も分析しているが、生徒の話し方を観察したブルデューらが当時から明らかにしてきたように、教師によって認められる流暢な話し方、自然な話し方は、庶民や中流層には、方言のように隠し通せない難しさがあり、口頭試問のような緊張する場面では教師に見透かされてしまう。学校で押し付けられ、偽りの自然な話し方は、庶民の場合、かえって過小評価されかねない。こうした言語文化資本が進路選択や進路決定の決め手となることは改めて注目しておきたい。

もう一つの注目すべき点は、フランスの教育制度は一九七七年にようやく統一中学校が誕生し単線化されることにある。それまでは小学校をはじめ、階級別の学校制度であった。特に中等教育は、コレージュ（中学校）は庶民のための学校とされ、その一部は卒業せずに中退すらしている。上流層向けのリセ（中高一貫校）とは大きな文化的な隔たりが存在していた。一九七七年以降も、実は中学校内に軽度障碍者を含めた普通職業適応教育科や、二年生から職業準備教育課程などを維持したため、「内部からの排除」構造は依然存在し続けることになる。また、中学校統一後は、選択教科のひとつ古典語（ラテン／ギリシャ語）の選択が学業成績およびその後の進路を左右する決め手となる。先のブルデューらの『教師と学生のコミュニケーション』によれば、専攻コースが存在していた時代において、そのヒエラルキーでは、古典語コースの卓越性は際立っていて、現代語コースの選択はそれだけで追放であり、失敗を意味していた。その後、成績による機械的な選抜はなくなったために、文化的嗜好や学業達成における意欲の差が古典語の選択の決め手となっていく。

こうした教育制度内におけるトラッキング効果、あるいは諦めさせる冷却機能（自己検閲）がフランスの学校には維持され、教師の特権と職業的イデオロギーによって公正な判断として機能し続けている。この点を学校の社会学において明らかにしてきたところが特徴となる。

このような学校の社会学研究を日本でも応用できるのだろうか。日本の高校入試は極めて自由記述が限られた筆記試験を基本とするために、フランスのように言語コードにみる階級文化を成績評価の判断基準にすることは難しい。家庭の文化・社会資本の影響はあるが、口頭試問における不公正さを研究対象とすることは稀であろう。しかし、大学をはじめ、推薦入試など面接試験を重視した採点基準が普及しつつある中、検討の余地はあろう。先述した『教師と学生のコミュニケーション』において、中等教育段階でみられる社会的出自と学業成績の直接の相関関係は、もし大学に入学する庶民層の学生の割合が増大すれば、高等教育段階にも同様の現象が一般化されるとしている。そのことは、二〇〇〇年代に入ってS・ボーらが明らかにしているところである。一九八〇年代から進めてきた中等教育の大衆化路線は、高等教育にも影響を与え、一九七〇年代後半にウヴラールが指摘したように選抜の先延ばしは、高等教育段階において排除されるという現象を生みだしている。学校教育制度が人材を配分する機能を持つ以上、労働市場への移行を如何にスムーズにしていくかが、今後の学業進路選択の評価の決め手となり、学校の社会学で求められる公正さの研究に発展するだろう。

日本は、フランスより高等教育の普及と大衆化が早くから達成された社会である。しかし、経済成長に支えられる形で、大卒者の就職や賃金の問題、つまりディプロマのレリバンスが最近まで研究課題とされて来なかったという違いがある。とはいえ、一九九〇年代後半のバブル後のフリーター世代を象徴する大卒者、非大卒者の特に地方における低収入ないし不安定雇用にみられる資格のレリバンスの問題は徐々に話題とされるようになった。そうしたなかで、どのような社会的出自が学校教育を通じて社会的不利益を被るリスクが高まるのか、今後の優先課題となるだろう。その意味でも、本書を手にしていただいた読者には、ぜひ日本の学校と社会の未来を展望する材料になれば嬉しい限りである。

最後になるが、本書の刊行にご理解とご協力を賜った、明石書店社長の大江道雅氏、編集部の神野斉氏には本書出版を引き受けていただき、感謝申し上げたい。

園山　大祐

「ルペール « Repères »」シリーズとは

ラ・デクベルト社の「ルペール « Repères »」シリーズは、ジャン＝ポール・プリウ氏の監修の下、1987 年から開始された。シリーズの単価は 10 ユーロ以下で、128 頁以内にまとめられている。2004 年からは、パスカル・コンブマル氏が監修を務め、経済、社会学、政治学、法学、歴史、経営、文化、コミュニケーション、哲学など 10 数名の編集委員の下シリーズが刊行されている。今日では 700 冊を超えるシリーズに達している。

本シリーズは、主に、グランゼコール準備級、大学生、中等教員や大学教員、あるいは様々な市民団体、政治団体、労働組合や市民一般を対象に、わかりやすく最新の学術情報をコンパクトにまとめている。

また、同一のものとして、1941 年に発足したフランス大学出版（PUF）から刊行されている「クセジュ « Que sais-je ? »」（文庫クセジュ、白水社）がある。

両者ともに、フランス的教養の普及の一端を担い、広く一般読者に学術研究をわかりやすく、そして安価な形で提供することを目的としている。

ここに、ラ・デクベルト社のルペールシリーズからの一冊が刊行されたことを喜ばしく思うと同時に、今後同シリーズの翻訳が継続され、日本におけるフランスの人文社会科学の普及および現代フランス社会に関心を持つ人が増えることを切に願う次第である。

2019 年 1 月

園山大祐

〈著　者〉

マリアンヌ・ブランシャール（Marianne Blanchard）

パリ高等師範学校卒業、経済・社会科学アグレジェ。現在ツールーズ・オクシタン・ピレネー国立教職・教育高等学院（INSPE）社会学准教授。

ジョアニ・カユエット＝ランブリエール（Joanie Cayouette-Remblière）

社会学者。フランス国立人口研究所（INED）研究担当。
「学校的要請と庶民階層――全員就学の状況における進路指導」『フランスの社会階層と進路選択』（共著、勁草書房、2018）。

〈監修者〉

園山大祐（そのやま　だいすけ）

大阪大学人間科学研究科教授／比較教育社会学・移民教育
『学ぶ・教える』（共著、大阪大学出版会、2020）、『世界のしんどい学校』（共編著、明石書店、2019）、『日仏比較 変容する社会と教育』（共編著、明石書店、2009）、『フランスの社会階層と進路選択』（編著、勁草書房、2018）、『岐路に立つ移民教育』（編著、ナカニシヤ出版、2016）、ほか。

〈訳　者〉

田川千尋（たがわ　ちひろ）

大阪大学高等教育・入試研究開発センター特任講師／比較教育社会学・大学教育学
「進路形成における自律的生徒・学生像」『フランスの社会階層と進路選択』（共著、勁草書房、2018）、S. オランジュ「上級技術者証書（BTS）という選択」『教育の大衆化は何をもたらしたか』（翻訳、勁草書房、2016）。

学校の社会学
――フランスの教育制度と社会的不平等

2020年4月28日　初版第1刷発行
2024年9月20日　初版第2刷発行

著　者　マリアンヌ・ブランシャール
　　　　ジョアニ・カユエット＝ランブリエール
監修者　園　山　大　祐
訳　者　田　川　千　尋
発行者　大　江　道　雅
発行所　株式会社　明石書店
〒101-0021　東京都千代田区外神田6-9-5
電　話　03（5818）1171
FAX　03（5818）1174
振　替　00100-7-24505
https://www.akashi.co.jp/
装　丁　明石書店デザイン室
組　版　朝日メディアインターナショナル株式会社
印刷・製本　モリモト印刷株式会社

（定価はカバーに表示してあります）　ISBN978-4-7503-5014-1

フランスの高等教育改革と進路選択
学歴社会の「勝敗」はどのように生まれるか
園山大祐編著 ◎3200円

SDGs時代にみる教育の普遍化と格差
各国の事例と国際比較から読み解く
澤村信英、小川未空、坂上勝基編著 ◎4800円

日仏比較 変容する社会と教育
園山大祐、ジャン＝フランソワ・サブレ編著 ◎4200円

特殊教育・インクルーシブ教育の社会学
サリー・トムリンソン著 古田弘子、伊藤駿監訳 ◎4500円

社会の周縁を生きる子どもたち
家族規範が生み出す生きづらさに関する研究
志田未来著 ◎5400円

教育福祉の社会学 〈包摂と排除〉を超えるメタ理論
倉石一郎著 ◎2300円

移動する人々と国民国家 ポスト・グローバル化時代における市民社会の変容
杉村美紀編著 ◎2700円

レイシズムの変貌 グローバル化がまねいた社会の人種化、文化の断片化
ミシェル・ヴィヴィオルカ著 森千香子訳 ◎1800円

フランスの学歴インフレと格差社会 能力主義という幻想
マリー・ドュリュ＝ベラ著 林昌宏訳 ◎2200円

移民の時代 フランス人口学者の視点
フランソワ・エラン著 林昌宏訳 ◎1900円

ヨーロッパにおける移民第二世代の学校適応
スーパー・ダイバーシティへの教育人類学的アプローチ
山本須美子編著 ◎3600円

移民の子どもと学校 統合を支える教育政策
OECD編著 布川あゆみ、木下江美、斎藤里美監訳
三浦綾希子、大西公恵、藤浪海訳 ◎3000円

移民の子どもと世代間社会移動
連鎖する社会的不利の克服に向けて
OECD編著 木下江美、布川あゆみ、斎藤里美訳 ◎3000円

外国人の子ども白書【第2版】 権利・貧困・教育・文化・国籍と共生の視点から
荒牧重人、榎井縁、江原裕美、小島祥美、
志水宏吉、南野奈津子、宮島喬、山野良一編 ◎2500円

移民と「エスニック文化権」の社会学
在日コリアン集住地と韓国チャイナタウンの比較分析
川本綾著 ◎3500円

「社会分裂」に向かうフランス
政権交代と階層対立 尾上修悟著 ◎2800円

〈価格は本体価格です〉

現代フランスにおける移民の子孫たち

都市・社会統合・アイデンティティの社会学

エマニュエル・サンテリ［著］
園山大祐［監修］　村上一基［訳］

◎四六判／上製／192頁　◎2,200円

本書は、フランスにおける二〇年間の移民の子世代の研究についてまとめたものである。職業参入や社会移動、大人の生活に入ることやカップル形成、経済活動などのさまざまな側面から分析する。フランス社会や広く移民研究に関する入門書としても最適の一冊。

《内容構成》

〈価格は本体価格です〉